REVUE AFRICAINE DE DROIT ET D'ÉCONOMIE DU SPORT

Cofondateurs et Directeurs de publication

Jean Jacques NOUYADJAM (Cameroun),
Avocat au Barreau du Cameroun,
Membre de l'Association Française d'Arbitrage,
Membre de l'Association Internationale des Avocats du Football,
Président de l'Association Camerounaise des Avocats en Droit du Sport.

Moustapha KAMARA (Sénégal),
Docteur en Droit du sport,
Avocat du sport au barreau de Marseille et titulaire d'un MBA,
Professeur à l'EAJF de Paris (France).
Professeur associé à EDC Paris Business School.

Anciennement appelée **Revue Camerounaise de Droit du Sport,**
La Revue Africaine de Droit et Économie du Sport
vise non seulement à sensibiliser à travers la mise à disposition de textes relatifs au sport ainsi que des chroniques de législation, mais aussi à introduire dans notre environnement, un débat nourri, à partir de contributions originales sous la forme d'articles de doctrine, commentaires de décisions et pratique ; lesquels contribueront à terme à la professionnalisation du sport en Afrique.

REVUE AFRICAINE DE DROIT ET D'ÉCONOMIE DU SPORT

N°4 NOVEMBRE 2025

L'Harmattan

5-7, rue de l'École polytechnique, 75005 Paris

www.harmattan.fr

ISBN : 978-2-336-58805-6
EAN : 9782336588056

COMITÉ SCIENTIFIQUE

COMITÉ DE RÉDACTION

SOMMAIRE

EDITORIAL

Monique Aimée MOUTHIEU Epse NJANDEU,
Agrégée des Facultés de droit,
Professeure titulaire
Université de Yaoundé II
&
OMBE ALIMA DIMITRI,
Docteur/Ph. D. en Droit privé,
Université de Yaoundé II

La montée en puissance de l'éthique (ce qui est juste et convenable et non légal) dans les milieux de travail n'est pas une vue de l'esprit. Ce constat est davantage prégnant en matière sportive dans la mesure où le respect de l'éthique (ensemble des valeurs et principes de bonnes conduites appliquées au sport) est au cœur de l'exécution des relations de travail.

Les expressions faisant référence à l'éthique en général telle que l'éthique personnelle, l'éthique professionnelle, la vision éthique, la mentalité éthique, la responsabilité éthique et l'éthique en particulier, à l'instar des codes éthiques, des commissions éthiques et des primes éthiques ont émergé. Une attention singulière mérite d'être portée sur les trois dernières expressions du fait de leur consubstantialité à l'éthique sportive.

Les codes éthiques inventorient, définissent les comportements inacceptables qu'ils qualifient "d'infractions" et fixent les sanctions y relatives. Ils diffèrent des codes disciplinaires qui ont pour ambition de rappeler que la discipline est la condition de survie juridique des institutions sportives ainsi que la garantie de la cohésion du milieu sportif.

Organes juridictionnels, les commissions éthiques sont mises en place au sein de certaines fédérations sportives nationales et internationales dans le but de sanctionner les violations des codes éthiques dont les membres du réseau fédéral sont auteurs. A titre de comparaison, les commissions de discipline s'attèlent par contre, à sanctionner les

violations des codes disciplinaires commises par les membres des fédérations sportives.
Les primes éthiques, présentées par une certaine doctrine comme « des rémunérations de la performance morale du sportif » quant à elles, visent à encourager le respect de l'éthique sportive. Elles ont donc valeur de sanctions positives.
Avec ce dispositif éthique, au lieu de s'attendre à une baisse significative des problèmes éthiques dans le microcosme sportif et surtout dans les relations de travail en matière sportive, l'on observe paradoxalement leur recrudescence. L'absence de généralisation du dispositif éthique susmentionné au sein des fédérations sportives pourrait expliquer en partie ce contraste.
Cela amène à reconnaître que le sport n'a pas que des vertus. Il est également un haut lieu où se mêlent, s'entremêlent et se pratiquent les dérives de toutes sortes. On peut citer sans être exhaustif, la corruption, la manipulation des matchs, le faux dans les titres, la tricherie sur l'âge et sur l'identité, le détournement des fonds, la discrimination, le harcèlement sexuel et le dopage.
Le jeu sportif ayant été supplanté par les enjeux, le besoin de l'éthique dans un environnement où les relations de travail sont déjà très juridicisées (contrats de travail, règlements intérieurs, règlements du statut et du transfert des joueurs, directives, conventions collectives, etc.) est indéniable.
En effet, les parties à la relation de travail se doivent d'être des vecteurs et porteurs des valeurs (amitié, respect, confiance, équité, engagement, plaisir, tolérance, solidarité, loyauté, non-discrimination, lutte antidopage, prohibition des conflits d'intérêts et la coopération amicale) que le sport promeut. L'affirmation selon laquelle le sport est éthique avant d'être performance prend désormais tout son sens.
Plus encore, l'éthique sportive guide le regard des parties à la relation de travail. Elle rappelle leur faillibilité. Elle donne la mesure de leur responsabilité. Par-dessus tout, elle projette une image rassurante empreinte de probité, d'intégrité et de loyauté du mouvement sportif auquel appartient l'athlète, travailleur sportif et le club, employeur du travail sportif.

DOSSIER THEMATIQUE
« SPORT ET DROIT SOCIAL AU CAMEROUN »

LE CONTENTIEUX INTERNATIONAL DU TRAVAIL EN MILIEU SPORTIF : RÉFLEXION À PARTIR DU DROIT DU FOOTBALL

Gislain Grégory TSASSE SAHA
Maître de Conférences à l'Université de Yaoundé II
Coordonnateur de Recherche au Cabinet d'avocats
NOUYADJAM & ASSOCIATES

Résumé

Ce sujet qui pouvait autrement s'intituler : *« Le contentieux du contrat international de travail en milieu sportif : le cas du football »* met en relief trois disciplines du droit international : le droit international privé, le droit international du travail et le droit international du sport. On sait qu'en droit international privé, le contrat international en général et celui de travail en particulier est celui qui présente des contacts avec le droit de plusieurs États en ce qu'il comporte dans son essence au moins un élément d'extranéité. Cet élément pouvant être le lieu de conclusion du contrat, situé sur un territoire différent de celui de son exécution, la nationalité différente des parties prenantes, ou encore la résidence du travailleur différente du lieu d'exécution du contrat. En pareille hypothèse, il est possible que plusieurs ordres juridiques étatiques revendiquent leur application face à la situation litigieuse. Par ailleurs, du fait de son objet sportif, le litige se situe également dans le champ d'application d'un ordre juridique sportif déterminé qui peut également avoir vocation à s'appliquer en vertu du principe général du droit sportif qui proclame l'indépendance des fédérations internationales dans l'administration de leurs disciplines sportives. Vu sous cet angle, cette interaction, mieux encore, cette concurrence entre les ordres juridiques étatique et sportif dans le traitement d'un contentieux international de travail dans le milieu sportif suscite en nous l'interrogation suivante : **devant quel(s) ordre(s) juridique(s) devrait-on soumettre un litige international de travail lié au football ?** La réponse à un tel questionnement n'est pas simple. Cependant, une analyse profonde de la réglementation sportive internationale en partant de la charte olympique, jusqu'à la réglementation du Tribunal Arbitral du Sport

(TAS) en passant par les normes FIFA, nous laisse penser à une application combinée et complémentaire des ordres juridiques étatique et sportif, cependant avec une prééminence, mieux, une prédominance de ce dernier ordre, ce qui est source de déséquilibre. Cette hypothèse de recherche devra être vérifiée tout au long de notre recherche qui s'intéressera aussi bien au droit applicable au litige international de travail en matière sportive qu'à la juridiction compétente en présence d'untel litige.

Mots clés : *Ordre juridique étatique, ordre juridique sportif, litige international de travail, droit sportif transnational, tribunal de la FIFA.*

Introduction

L'évolution de la pratique sportive et l'apparition d'enjeux nouveaux, notamment économiques et financiers se sont traduits par une multiplication des causes de conflits et par un accroissement des recours portés tant devant les juridictions sportives nationales et internationales que devant celles ordinaires[1].

Aujourd'hui, on assiste à une grande diversité de litiges issus de la pratique sportive telle qu'elle est encadrée par les fédérations sportives nationales et internationales. Les conflits opposent en effet d'une part les fédérations à leurs membres, qu'il s'agisse des sportifs, des associations sportives de base (les clubs), les dirigeants, les médecins ou encore les arbitres à propos soit des décisions prises par les organes fédéraux, soit de la gestion interne des institutions fédérales. D'autre part, des conflits s'élèvent au sein même des clubs, notamment en ce qui concerne les contrats de travail conclus avec les sportifs, les entraineurs ou encore les médecins[2]. Cette dernière forme de conflits nous intéresse particulièrement en ce qu'elle permet de comprendre la dimension internationale du conflit de travail sportif. Selon une doctrine, « le sport est sans aucun doute l'activité mondialisée la plus achevée »[3] ; cela s'explique par le fait que les compétitions sportives internationales occupent une place considérable dans notre société. Certaines compétitions sportives sont pluri localisées dans un grand nombre de pays et les sportifs devenant des acteurs sur des circuits mondialisés. À partir de là, le droit du sport ne peut plus ignorer le droit international privé qui est le droit des relations privées internationales[4].

En principe, le droit international privé classique a pour objet de localiser une situation juridique dans un Etat déterminé afin de rendre applicable ou compétent, le droit ou le juge de cet État. Pour se faire, cette discipline utilise la méthode de la règle de conflits pour arriver à cette fin. Elle permet de sélectionner et/ou d'identifier parmi les règles de droit substantiel posées par les différents ordres juridiques ayant des

1 C. CHAUSSARD, « Juges **du contentieux sportif : diversité et coexistence »**, études thématiques, in droitdusport.com, décembre 2010, paragraphe 618-10.
2 Ibidem
3 E. LOQUIN, « **Sport et droit international** », études thématiques, droitdusport.com, mars 2008, paragraphe 186-10.
4 Ibidem

liens avec une situation internationale donnée, celle qui sera en définitive appelée à régler cette situation[5].

A l'opposé du droit international privé classique, celui sportif présente une grande singularité, car il doit tenir compte d'un phénomène perturbateur constitué par l'ordre juridique sportif international. Les pouvoirs sportifs ont organisé l'espace international dans lequel s'épanouissent les compétitions sportives, créant tout à la fois des normes de droit sportif aptes à régir les relations sportives internationales et des juridictions habilitées à juger les litiges sportifs internationaux[6].

Cette concurrence des normes produite par la concurrence des ordres juridiques étatiques et sportifs nous interpelle finalement autour du questionnement ci-après : **devant quel(s) ordre(s) juridique(s) devrait-on soumettre ou mieux, traiter d'un contentieux de travail comportant au moins un élément d'extranéité dans le domaine du sport en général et du football en particulier.**

L'intérêt scientifique de ce sujet est double. D'une part, il nous permet de percevoir la coexistence entre le droit international privé sportif et le droit international privé classique lorsqu'il s'agit de régler les litiges sportifs de dimension internationale. D'autre part, il révèle, dans cette coexistence, la primauté de l'ordre juridique sportif sur l'ordre juridique étatique. Cette prévalence de la règle sportive et donc de la finalité d'ordre public qui s'y attache résulte du règlement d'arbitrage applicable aux litiges devant le TAS qui dispose en son article R58 ce qui suit : « *La formation statue selon les règlements applicables et subsidiairement, selon les règles de droit choisi par les parties, ou à défaut de choix selon le droit du pays dans lequel la fédération, association ou autre organisme sportif à son domicile ou selon les règles de droit que la formation estime approprié* ».

Au demeurant, l'hypothèse de travail retenue consiste à dire que le contentieux international de travail en matière sportive est traité à la fois devant les ordres juridiques étatique et sportif ; cependant avec une prédominance de ce dernier ordre, ce qui est source déséquilibre. Pour vérifier cette hypothèse, nous aurons recours à l'exégèse et à la casuistique. Ces méthodes de recherche, nous conduirons à l'analyse de la mise en œuvre déséquilibrée des deux ordres juridiques dans la détermination du droit applicable au litige international de travail en

---

5 E. LOQUIN, « **Sport et droit international** », op.cit., p.1.
6 Ibidem

matière de football (I) ainsi que celle du juge internationalement compétent pour le même objet (II).

I. Une application déséquilibrée des ordres juridiques étatique et sportif dans la détermination du droit applicable au litige international de travail en matière de football

La matière contractuelle est en droit international privé le terrain d'élection traditionnel du principe de l'autonomie. La loi applicable au contrat international en général et au contrat international de travail en particulier est la loi choisie explicitement ou implicitement par les parties. Cependant la matière sportive déroge quelque peu à cette règle. En effet, les mouvements sportifs[7] ont créé progressivement un droit sportif transnational applicable indépendamment de la localisation de la relation juridique[8]. Selon la doctrine : « *ce droit est le produit de l'activité normative des pouvoirs sportifs internationaux : fédérations internationales et comité national olympique (…)* »[9]. Une autre renchérit : « *les fédérations internationales exercent ce qui peut apparaître (comme)*[10] *une véritable souveraineté sur l'ensemble de ce qui la constitue : les compétences et les compétitions (…) en tant qu'elle représente l'ensemble des volontés compétitives d'une même discipline, la fédération internationale est l'autorité dépositaire de ses principes constitutifs* »[11]. Pour autant, le pouvoir normatif s'entend comme la compétence accordée à des autorités pour régler, par voie générale, divers aspects de la vie sociale des individus et des groupes organisés. Le domaine sportif est source d'une production normative particulièrement prolixe. Chaque discipline en effet, est régie par un ensemble de règlements aux dénominations variées (règlements généraux, règlements sportifs, disciplinaires, codes sportifs, etc.) dont la caractéristique commune est qu'ils sont édictés par la fédération de la discipline sportive considérée et qu'ils fixent, sous leurs différents aspects, les conditions d'exercice de l'activité, notamment compétitive, de la discipline ou des disciplines qui y sont associées[12]. En tout état de cause, l'on retiendra qu'en matière de droit applicable au litige international de travail en matière sportive, il existe une primauté du

---

[7]Le mouvement sportif est constitué par un ensemble d'institutions essentiellement composées à la base par les clubs (associations et sociétés sportives) et au sommet par les fédérations nationales et internationales.

[8] E. LOQUIN, « **Sport et droit international** », op.cit., paragraphe 186-135

[9] Ibidem

[10] C'est nous qui l'ajoutons.

[11] G. SIMON, ***Puissance sportive et ordre juridique étatique***, LGDJ, p. 45, voir A166-1

[12] G. SIMON, **« Pouvoirs normatifs des fédérations sportives »**, études thématiques, sportdudroit.com, mars 2009, paragraphe 126-10.

droit sportif transnational (A) laquelle laisse néanmoins subsister les droits nationaux désignés par les parties (B).

A. La primauté du droit sportif transnational

Le droit sportif transnational est constitué du droit fédératif international, de principe de l'olympisme et des principes généraux du droit sportif.

En ce qui concerne le football, il convient de dire qu'il existe au sein de la FIFA, un règlement du statut et du transfert des joueurs qui a vocation à réglementer les relations de travail entre le club et le joueur transféré ainsi que les indemnités de transfert. Selon la doctrine, « ce règlement crée un véritable droit transnational de contrat de travail sportif qui double le droit du travail propre à chaque Etat »[13].

Les fédérations internationales détiennent également le pouvoir disciplinaire. Dans le domaine du Football, il existe un code disciplinaire de la FIFA qui a pour objet d'énoncer les infractions à la réglementation de la FIFA et déterminer les sanctions correspondantes. Sont soumises à ce code : les fédérations, les membres de ces fédérations notamment les clubs, les officiels, les joueurs, les officiels de match, les agents titulaires d'une licence de la FIFA, les agents organisateurs de matchs titulaires d'une licence de la FIFA, les ligues centralisées et toute personne élue ou désignée par la FIFA pour l'exercice d'une fonction, notamment dans le cadre d'un match, d'une compétition ou de tout évènement organisé par elle.

Le droit fédératif international est complété par les principes de l'olympisme. Il s'agit des principes que le comité international olympique (CIO) par l'intermédiaire de la charte olympique, impose aux fédérations reconnues par lui. Ces principes constituent un ensemble de règles communes à l'ensemble des disciplines reconnues par le mouvement olympique. Ils s'imposent non seulement à tout athlète participant aux Jeux olympiques, lequel s'engage dans la formule d'inscription à respecter la charte olympique en vigueur aux moments des jeux, mais également aux fédérations internationales reconnues par le mouvement olympique. On retiendra à la lecture de la charte olympique, sept principes fondamentaux de l'olympisme :

---

13 E. LOQUIN, « **Sport et droit international** », op.cit. Paragraphe 186-135.

1- L'olympisme est une philosophie de vie, exaltant et combinant en un ensemble équilibré, les qualités du corps, de la volonté et de l'esprit. Alliant le sport à la culture et à l'éducation, l'olympisme se veut créateur d'un style de vie fondé sur la joie dans l'effort, la valeur éducative du bon exemple, la responsabilité sociale et le respect des principes éthiques fondamentaux universels.

2- Le but de l'olympisme est de mettre le sport au service du développement harmonieux de l'humanité en vue de promouvoir une société pacifique, soucieuse de préserver la dignité humaine.

3- Le mouvement olympique est l'action concertée, organisée, universelle et permanente, exercée sous l'autorité suprême du CIO, de tous les individus et entités inspirés par les valeurs de l'olympisme. Elle s'étend aux cinq continents. Elle atteint son point culminant lors du rassemblement des athlètes du monde au grand festival du sport que sont les Jeux olympiques. Son symbole est constitué de cinq anneaux entrelacés.

4- La pratique du sport est un droit de l'homme. Chaque individu doit avoir la possibilité de faire du sport sans discrimination d'aucune sorte et dans l'esprit olympique, qui exige la compréhension mutuelle, l'esprit d'amitié, de solidarité et de fair-play.

5- Reconnaissant que le sport est pratiqué dans le cadre de la société, les organisations sportives au sein du Mouvement olympique se doivent d'appliquer le principe de neutralité politique. Elles auront les droits et obligations inhérents à l'autonomie à savoir, le libre établissement et le contrôle des règles du sport, la définition de leur structure et gouvernance, la jouissance du droit à des élections libres de toutes les influences extérieures et la responsabilité de veiller à ce que les principes de bonne gouvernance soient appliqués.

6- La jouissance des droits et libertés reconnus dans la présente Charte Olympique doit être assurée sans discrimination d'aucune sorte, notamment en raison de la race, la couleur, le sexe, l'orientation sexuelle, la langue, la religion, les opinions politiques ou autres, l'origine nationale ou sociale, la fortune, la naissance ou toute autre situation.

7- L'appartenance au Mouvement olympique exige le respect de la Charte olympique et la reconnaissance par le CIO.

La règle 29 de la charte olympique du CIO énonce que lorsque l'activité des fédérations concerne le mouvement olympique, leurs statuts, leurs pratiques et leurs activités doivent être en conformité avec la charte olympique. Toujours en application de la charte olympique (charte olympique CIO, article 59.1.2 ; 59.1.3), le CIO peut écarter un sport, une discipline du programme des Jeux olympiques ou retirer sa reconnaissance et exclure une fédération internationale du mouvement olympique, si elle ne respecte pas les principes de la charte.

Une hiérarchie des normes sportives internationales a d'ailleurs été établie par le TAS : le droit fédéral doit être conforme aux principes de l'olympisme. Il a été décidé que les juridictions arbitrales ad hoc du TAS constituées à l'occasion des Jeux olympiques doivent juger «*en vertu de la charte olympique, des règlements applicables, des principes généraux du droit et des règles de droit dont elle estime l'application appropriée* »[14].

S'il existe en droit sportif transnational reconnu à côté du droit fédératif international et des principes de l'olympisme, ce sont les principes généraux du droit sportif.

Ces principes ont été élaborés et mis en œuvre par les tribunaux arbitraux du TAS. D'ailleurs une sentence du TAS les définit comme « *ceux auxquels la jurisprudence du TAS fait un recours constant* ». Il s'agit des règles finalisées propres à l'ordre juridique sportif qui ne trouvent pas leur source dans les ordres juridiques étatiques. Ces principes permettent par voie d'exception de corriger les lacunes de la réglementation sportive que son origine soit fédérative ou olympique. Ils s'appliquent à toutes les relations sportives, quelle que soit la discipline concernée. Aussi, ont-ils pour objet essentiel d'assurer la légalité de l'ordre juridique sportif. Ils visent à la fois à garantir le respect par les pouvoirs fédéraux de leur propre réglementation, à assurer le respect des droits acquis des membres des fédérations, et à garantir le caractère équitable des instances disciplinaires des fédérations comme des instances arbitrales organisées sous l'égide du TAS.

❖ Quelques principes généraux développés dans le droit sportif :

- Le fonctionnement de l'ordre juridique sportif est fondé sur le principe de l'indépendance des fédérations internationales dans l'administration de leurs sports[15] ;

[14] Cf. T. arb. Sport, Ch ad hoc, numéro OO4/005, 18 février 1998, CNO de la République Tchèque, CNO de la SUEDE et s. c/ Fédération Internationale de hockey sur glace, JDI 2001, p. 259, obs. E. LOQUIN.

[15] T. arb. Sport, ch. Ad hoc, 5 février 2002, PRUSIS c/ CIO et fédération international de bobsleigh et de Luge, JD 2003, p.261 obs. E. LOQUIN).

- Le principe de la soumission des règlements des fédérations internationales aux principes généraux du droit, droit fondamental des athlètes et les principes de la charte olympique[16] ;
- Le principe de présomption de dopage et l'automaticité de la disqualification en cas d'absorption d'une substance interdite ;
- Le principe de la stabilité contractuelle qui interdit toute rupture unilatérale d'un contrat de travail pendant trois ans pour tout joueur de moins de 28 ans ;
- le principe de la responsabilité objective des clubs pour des dommages causés par leurs supporters.

L'article R58 du règlement d'arbitrage applicable aux litiges devant le TAS dans son énoncé n'entendait pas établir une exclusivité, mais plutôt une primauté du droit sportif transnational dans la détermination de la règle applicable à un litige international de travail en matière sportive. C'est bien pourquoi il a laissé subsister des possibilités de recourir au droit national.

B. La subsidiarité du droit sportif national

Lorsque par application de la méthode des conflits de lois dans un contrat international de travail, la loi nationale d'un Etat est choisie pour régir la situation litigieuse, les formations arbitrales du TAS examinent si cette loi nationale est compatible ou non avec le droit fédératif international, les principes de l'olympisme ou les principes généraux du droit sportif, tous regroupés sous le vocable "*lex sportiva*". L'application de la loi nationale même de police sera écartée si elle apparaît incompatible avec les objectifs de la règle sportive. En outre, même lorsque le droit national n'apparaît pas incompatible, sa prise en compte est subordonnée à des conditions restrictives qui la rendent peu effective en pratique.

S'agissant de la prise en compte du droit national choisi, l'article R 58 du code du TAS prévoit à titre subsidiaire que la formation statue « *selon les règles de droit choisi par les parties, ou à défaut de choix selon le droit du pays dans lequel la fédération, association ou autre organisme sportif à son domicile ou selon les règles de droit que la formation estime appropriée.* ». Cette subsidiarité implique que les arbitres n'auront recours à la loi nationale que pour les aspects du litige pour lesquels les règlements sportifs ne permettent pas

[16] (T. arb. Sport, ch. Ad hoc (JO Sydney) 18 septembre 2000, CNI Congolais et J. KIBUNDE c/ AIBA, JDI 2001, p.251, obs. E. LOQUIN).

de donner une solution[17]. En l'absence de choix opéré par les parties, c'est le droit suisse qui sera applicable à titre subsidiaire, car la Suisse est en effet le pays où le CIO et la FIFA (pour ce qui concerne le Football) ont leur siège et les litiges dont le TAS est saisi sont fréquemment liés à une décision de ces organismes. Cependant, les hypothèses d'un tel recours sont rares en pratique. En outre, le même article R 58 du code du TAS laisse aux arbitres, le choix entre la loi du pays de la fédération auteur de la décision litigieuse et les règles de droit, sous-entendu non étatique *« dont la formation estime l'application appropriée »*. Suivant ce raisonnement, l'application d'un droit national ne sera qu'un ultime recours[18].

Toutefois, il est des hypothèses ou la soumission des règles de travail entre le sportif salarié et son club employeur relève à la fois du droit étatique du travail et au droit sportif disciplinaire[19]. La sentence rendue sous l'égide du TAS le 15 décembre 2005[20] offre un bel exemple de cette dualité de normes applicables. En l'espèce, un footballeur avait conclu un contrat de travail avec le club anglais de Chelsea jusqu'en 2008. Durant l'année 2004, le joueur fut convaincu d'avoir consommé la cocaïne. Les instances disciplinaires de la première ligue anglaise décidèrent que cette faute constituait une faute lourde justifiant la résiliation du contrat de travail par le club et la condamnation du joueur à payer à son ancien club, des dommages et intérêts. La FIFA confirma cette décision, mais le joueur fit appel devant le TAS. Le débat portait sur les articles 21 et suivant des règles de la FIFA. Ces règles ont pour objet : « le maintien de la stabilité contractuelle dans le football ». L'article 21 du règlement du statut et du transfert du joueur de la FIFA prévoit expressément que : « dans le cas de contrat signé jusqu'au 28e anniversaire du joueur, en cas de rupture unilatérale du contrat sans juste motif, ou juste cause sportive au cours des trois premières années, des sanctions sportives seront appliquées et une indemnité devra être payée ». Le club employeur soutenait que le joueur, en raison de la gravité de sa faute, était à l'origine de la rupture unilatérale du contrat et qu'il en était auteur. A l'inverse, le joueur prétendait que c'était le club qui avait pris l'initiative de la rupture du contrat de travail et plaidait

---

17 G. SIMON, **« Arbitrage et ordre public sportif »,** in *Ordre public et arbitrage*, E. LOQUIN et S. MANCIAUX, (sous la direction de), acte du colloque des 15 et 16 mars 2013, Université de BOURGOGNE, 2014, p. 136.

18 Ibidem

19 E. LOQUIN, **« Sport et droit international »,** op.cit. Paragraphe 186-170.

20 Cf. TAS, 15 décembre 2005, numéro 2005/A/867, Y. c/ Chelsea football club, JDI 2007, p. 207, obs. E. LOQUIN.

également que l'article 21 n'était pas en l'espèce applicable, car ce texte s'applique seulement dans les cas où un joueur résilie son contrat de travail illicitement pour jouer sous les couleurs d'un autre club. Le tribunal arbitral du sport juge que l'article 21 s'applique à toute rupture unilatérale du contrat de travail sans raison légitime et qu'en l'espèce, la rupture du contrat est le fait du joueur et résulte de sa faute lourde, peu importe pour ledit tribunal que la rupture unilatérale ne soit pas liée à un transfert. La question posée était celle de savoir si en raison d'une faute du salarié, l'employeur pouvait licencier ce dernier et demander en plus des indemnités. Seul le droit commun du travail était pertinent pour régler un tel litige. On peut d'ailleurs constater que la question du licenciement du joueur n'est pas traitée par le règlement du statut et du transfert du joueur de la FIFA, mais relève plutôt du droit du travail applicable[21].

Il peut également arriver que le droit national choisi par les parties soit finalement écarté par le juge. En effet, l'autonomie de l'ordre juridique sportif ne signifie pas que celui-ci n'entretient pas de relations avec les ordres juridiques étatiques ou régionaux[22]. Cependant, il peut arriver que ces rapports soient conflictuels. En effet, on ne compte plus les sentences du TAS qui rejettent pour motif d'incompatibilité avec la « *lex sportiva* », l'applicabilité de la loi nationale. Dans l'affaire opposant le club Atheletico Penarol c/ BUENO & Rodriguez et Paris Saint-Germain FC du 12 juin 2010, la formation du TAS souligne que : «*les arrangements ou autres dispositions de portée nationale ne peuvent trouver application que s'ils sont conformes, voire complémentaires aux règles de la FIFA, mais certainement pas s'ils sont contraires à ces dernières* »[23] et juge en l'espèce que « l'état de rébellion », tel qu'institué par le statut du joueur uruguayen, « *à supposer qu'il soit d'ordre public, est incompatible avec les principes et règlements FIFA en tant qu'il réserve au club, la possibilité de transformer de manière contraignante pour le joueur, une relation contractuelle de courte durée en une relation de très longue durée* ». Selon la doctrine, « *le TAS fait ici clairement prévaloir un ordre public sportif de protection du sportif salarié face à des règles nationales excessivement favorables au seul club employeur* »[24].

La recherche du droit applicable à un litige international de travail relatif au football n'obéit pas, en droit international privé du sport, aux mêmes règles et principes que ceux applicables à la juridiction

---

[21] E. LOQUIN, **« Sport et droit international »,** op.cit. Paragraphe 186-170.
[22] Ibid. Paragraphe 186-155.
[23] G. SIMON, « **Arbitrage et ordre public sportif** », op.cit., p. 135.
[24] Ibidem

compétente même s'ils ont en commun (règles et principes) d'accorder une primauté à l'ordre juridique sportif sur l'ordre juridique étatique.

II. Une application déséquilibrée des ordres juridiques étatique et sportif dans la détermination de la juridiction compétente pour le règlement d'un litige international de travail en matière de football

Le droit de la compétence internationale des juridictions couvre l'ensemble des règles par lesquelles, les États identifient les litiges affectés d'un élément d'extranéité dont ils acceptent que le règlement soit pris en charge par les juridictions qu'ils ont instituées pour le règlement de leurs litiges privés internes[25]. En droit international privé camerounais, il existe plusieurs règles de compétence internationale des juridictions camerounaises. On distingue les règles de compétence fondées sur la volonté des parties d'une part, des règles exorbitantes de compétences liées au privilège de nationalité et celles relatives à l'extension à l'international des règles de compétence ordinaire d'autre part.

Pour ce qui est des premières, il convient de dire qu'un rapport international de droit privé peut faire l'objet d'un certain nombre d'aménagements, généralement sous la forme de clauses qui désignent un ordre juridictionnel étatique compétent. Dans les contrats internationaux, on dénombre tantôt les clauses attributives de juridiction[26], tantôt les clauses compromissoires[27].

S'agissant des règles de compétence fondées sur la nationalité camerounaise, les articles 14 et 15 du Code civil énoncent le principe du privilège de juridiction à l'égard de tout citoyen camerounais. En effet, lorsqu'un Camerounais est parti à un litige international, il peut saisir la juridiction camerounaise s'il est demandeur (article 14) ou peut s'opposer à la juridiction étrangère saisie en invoquant son privilège de juridiction pour faire valoir qu'il veut être jugé au Cameroun s'il est défendeur (article 15). Ces règles ne sont que subsidiaires, elles ne sont

---

[25] S. CLAVEL, ***Droit international privé***, Dalloz 2010, deuxième édition, p. 167.

[26] Une clause attributive de juridiction est une disposition contractuelle confiant le règlement d'un litige à une juridiction sans qualité pour en connaitre, qu'il s'agisse de compétence d'attribution ou de compétence territoriale.

[27] Une clause compromissoire est une disposition insérée dans un contrat, par laquelle les parties s'engagent à recourir à l'arbitrage pour les différends qui surgiraient entre elles.

pas d'ordre public. Cela signifie qu'on ne peut les invoquer lorsqu'il existe déjà un texte ou une convention internationale qui règle le problème de conflit de juridiction entre les parties prenantes. On admet donc que le plaideur de nationalité camerounaise puisse renoncer à son privilège de juridiction à condition que cette renonciation soit certaine. Il n'y a besoin que cette renonciation soit explicite. Ainsi, il peut y avoir renonciation par contrat (clause attributive de juridiction) ou par action en justice à l'étranger. Dans les litiges du travail, on a beaucoup critiqué le privilège de juridiction parce que très souvent, c'est l'employeur qui a la qualité de défendeur. En pareille hypothèse, il pourrait être invoqué ce privilège pour se retrancher dans son pays et ne pas être condamné par un tribunal étranger. Ces pratiques ont été contestées, car elles peuvent être des moyens dilatoires d'échapper à ses obligations contractuelles.

Quant aux règles de conflit des juridictions fondées sur l'extension des règles de compétence ordinaire nationale encore appelées règles de compétence territoriale, aucun fondement légal ou jurisprudentiel n'est jusqu'ici connu en droit camerounais du travail. Toutefois, la doctrine[28] estime qu'en l'absence de stipulations claires des parties sur le juge compétent, *« (...) le différend de travail, même comportant un ou plusieurs éléments d'extranéité, devra être soumis au juge du lieu d'exécution du travail ou à celui de la nouvelle résidence du travailleur au Cameroun »*. Ce raisonnement est conforme aux dispositions de l'article 132 du Code du travail de 1992 qui dispose : *« le tribunal compétent est en principe celui du lieu (d'exécution) du travail. Il demeure toutefois loisible à un travailleur qui ne réside plus au lieu où il exécutait un contrat de travail, de porter tout litige né de la résiliation dudit contrat, soit devant le tribunal du lieu de travail, soit devant celui de sa résidence, à la condition que l'un et l'autre soient situés au Cameroun »*.

Cependant, il est connu que les milieux sportifs hésitent à porter leurs litiges devant les juridictions des États. Les raisons d'équité et d'impartialité sont souvent invoquées pour justifier cet état de choses. C'est pourquoi les institutions sportives ont créé des mécanismes originaux de règlement des litiges sportifs ayant pour finalité de soustraire lesdits litiges à la compétence des juridictions des États. Mais à la vérité, l'on constate que la compétence des juridictions étatiques n'est pas totalement exclue dans le traitement des litiges sportifs

---

[28] J.M. TCHAKOUA, « **La loi applicable au contrat de travail comportant un élément d'extranéité** », in *Les grandes décidions du droit du travail et de la sécurité sociale*, J.M. TCHAKOUA (sous la direction de), JUSPRINT, pp. 708 à 709.

internationaux. En ce qui concerne le football par exemple, on constatera à travers l'article 22 alinéas b et c du règlement du statut et du transfert des joueurs que la FIFA est compétente à titre principal pour connaître les litiges internationaux entre clubs et joueurs ou entraineurs relatifs au travail (A). Toutefois, elle reconnaît également la compétence d'un tribunal arbitral national sous certaines conditions (B).

A. La compétence de principe du tribunal de football de la FIFA

Le tribunal du Football de la FIFA est constitué de trois chambres : la chambre de résolution des litiges (CRL), la chambre du statut du joueur (CSJ) et la chambre des agents. Seules les deux premières chambres règlent les litiges internationaux relatifs au travail.

Aux termes de l'article 23 alinéa 1 du règlement du statut et du transfert des joueurs, la chambre de résolution des litiges du tribunal de football est habilitée à trancher tout litige visé à l'article 22 alinéa 1 (b). Il s'agit des litiges de dimension internationale entre un club et un joueur relatifs au travail. Nous sommes en présence d'une telle situation lorsque la nationalité du joueur et celle de l'association ou du club pour lequel il est enregistré sont différentes. Cela signifie *a contrario* qu'un litige relatif au travail et opposant un joueur et un club de même nationalité ne relève pas normalement de la compétence de la FIFA.

Bien plus, l'article 22 alinéa 1 (c) du règlement du statut et du transfert des joueurs reconnaît à la chambre du statut du joueur du tribunal du Football, la compétence pour traiter les litiges de dimension internationale entre un club ou une association et un entraîneur relatif au travail. De tels litiges surviennent chaque fois que l'entraîneur possède une nationalité différente de celle du pays de l'association du club pour lequel il travaille, ou si l'entraîneur possède une nationalité différente, de celle de l'association pour laquelle il travaille. C'est dire qu'un litige relatif au travail entre un entraîneur et un club de même nationalité ne relève normalement pas de la compétence de la FIFA.

Le système de règlement des litiges de la FIFA est certainement l'une des structures les plus sophistiquées et aboutis jamais créé dans ce domaine par les associations sportives internationales[29]. Toute personne qui déciderait de soumettre son litige (contractuel) en vue de sa

---

29 C.DUDOGNON et *alii* (sous la coordination de), ***Règlement des litiges au sein du mouvement sportif***, Dalloz 2012, p. 47.

résolution à l'un des organes décisionnaires compétents au sein du système de règlement des litiges peut être certaine que l'affaire sera examinée dans le respect total des principes fondamentaux de procédure et décidée par des experts compétents et désireux de prendre des décisions cohérentes, justes et adaptées. La possibilité d'interjeter appel devant le TAS, qui est un tribunal arbitral totalement indépendant, augmente d'autant, la crédibilité du système, lequel serait devenu une alternative légitime et acceptée au recours aux tribunaux civils. L'affaire BAMBOUTOS FC DE MBOUDA contre FÉDÉRATION INTERNATIONALE DE FOOTBALL ASSOCIATION (FIFA) et Johan BUYLE constitue un cas palpable de litige international de travail porté initialement devant la FIFA et dont l'appel a été exercé devant le Tribunal Arbitral du Sport.

Les faits à l'origine du litige se présentent comme suit : par décision du 15 juin 2016, le Juge unique de la Commission du statut du joueur de la FIFA a condamné le FC BAMBOUTOS de MBOUDA à payer à l'entraineur un montant de *EUR* 13'500 à titre d'arriéré de rémunération et un montant de *EUR* 16'746 à titre de compensation pour rupture de contrat, plus les intérêts respectifs, dans un délai de 30 jours à compter de la notification de cette décision (la première). Cette décision a été notifiée au club via la FECAFOOT le 08 juillet 2016. Les montants dus n'ayant pas été payés, par décision du 16 mars 2017, la Commission de Discipline de la FIFA a déclaré le club, coupable de ne pas avoir respecté la première décision, violant par-là, l'article 64 du code disciplinaire de la FIFA. C'est ainsi que ladite commission lui a imposé une amende de *CHF* 5.000 et octroyé un dernier délai de grâce de 30 jours pour s'acquitter de sa dette auprès de l'entraineur. Par ailleurs, la Commission a souligné qu'à défaut de paiement, l'entraineur pouvait exiger auprès du secrétariat de la Commission que trois points soient déduits de la première équipe du club dans le championnat de la ligue nationale. Elle a enfin indiqué que si les montants dus n'étaient toujours pas payés, la Commission de discipline déciderait d'une éventuelle rétrogradation (deuxième décision). Cette deuxième décision a été notifiée au club via la FECAFOOT par courriel du 20 mars 2017 reçu le 23 mars de la même année.

Par courriel du 06 avril 2017, FC BAMBOUTOS DE MBOUDA a informé la FIFA qu'il avait initié une procédure pénale contre l'entraineur devant les autorités camerounaises et demandé que la FIFA en vertu du principe « Le criminel tient le civil en état », ordonne un sursis à statuer dans le litige l'opposant à l'entraineur. Ce moyen de défense n'ayant pas convaincu la FIFA, le secrétariat de la commission de discipline de l'instance a demandé à la FECAFOOT, le 20 novembre 2017 d'exécuter immédiatement la déduction de trois points. Ce qu'a fait la commission d'homologation et de discipline de la FECAFOOT par décision du 28 novembre 2017. Après une mise en demeure de s'acquitter de sa dette en date du 18 décembre 2017 restée infructueuse, La commission de discipline a en date du 12 avril 2018 donné un dernier délai de 30 jours à compter de la notification de la décision, pour s'acquitter de sa dette auprès de son créancier, M. Johan BUYLE (troisième décision). Le 13 août 2018, la commission d'homologation et de discipline de la FECAFOOT, à la demande de la FIFA, a pris une décision de rétrogradation de FC BAMBOUTOS CLUB en MTN ÉLITE TWO pour la saison 2018/2019 (quatrième décision). S'étant enfin acquitté de sa dette auprès de l'entraineur (confirmation faite par ce dernier par courriel du 27 août 2018), le club en informe la commission de discipline de la FIFA le 28 août 2018 tout en sollicitant une demande de grâce afin de retrouver sa troisième place à la ligue nationale. Quelques jours avant, le club a fait appel de la quatrième décision devant la chambre de recours de la FECAFOOT et concluait à l'annulation du classement du 13 août 2018 et à son rétablissement à la troisième place à la 34e journée. Par courriel du 28 août 2018, la commission de discipline de la FIFA relevait que sa décision de rétrogradation était devenue définitive et contraignante. Quant à la commission de recours de la FECAFOOT, celle-ci, en date du 11 octobre 2018, a déclaré le recours de FC BAMBOUTOS DE MBOUDA, recevable, mais non fondé.

En date du 25 mai 2018, FC BAMBOUTOS de MBOUDA adressa une requête aux fins d'effet suspensif au TAS en demandant que celui-ci « ordonne la suspension à exécution de la décision rendue par la commission de discipline de la FIFA en séance du 12 avril 2018 jusqu'à l'issue de l'appel formé contre ladite décision et dise cette ordonnance exécutoire sur minute et avant enregistrement ». Le 02 octobre 2019, le TAS décidait que : « L'appel déposé par BAMBOUTOS FC DE MBOUDA contre la décision rendue le 12 avril 2018 par la commission de discipline de la FIFA est rejetée ».

S'il est constant que les litiges sportifs internationaux échappent très souvent à la connaissance des juridictions étatiques en raison du fait que l'intrusion du juge étatique est mal ressentie dans les milieux du mouvement sportif international, il n'en demeure pas moins vrai qu'il est laissé une place marginale à celui-ci notamment lorsqu'il a été expressément choisi par les parties.

B. Les restrictions faites aux parties quant au choix de la juridiction étatique compétente

La FIFA soutient le principe selon lequel les litiges entre les acteurs de la famille du Football doivent être soumis et décidés par les instances sportives ou appartenant à la famille du Football. C'est pourquoi elle décide aux termes des dispositions de l'article 68 (2) de son statut ce qui suit : « *tout recours devant un tribunal ordinaire est interdit sauf s'il est spécifiquement prévu par les règlements de la FIFA (…)* ». Ce principe n'étant pas absolu, on comprend pourquoi les litiges de dimension internationale entre un club et un joueur ou entraineur relatif au travail peuvent faire l'objet de dérogation à l'interdiction d'introduire un recours devant les tribunaux ordinaires conformément à l'article 22 alinéa 1 (b)[30] et 1 (c)[31] du règlement du statut et du transfert des joueurs.

C'est bien pourquoi cet article précise qu'au niveau national seul un tribunal arbitral indépendant, paritaire et garantissant une procédure équitable puisse être désigné à travers une clause d'arbitrage inséré dans le contrat ou la convention collective applicable aux parties, pour traiter

---

30 Article 22 alinéa 1(b) du règlement du statut et du transfert des joueurs de la FIFA dispose ; « Sans préjudice du droit de tout joueur, entraineur, association ou club à demander réparation devant un tribunal civil pour des litiges relatifs au travail, la compétence de la FIFA s'étend aux litiges de dimension internationale entre un club et un joueur relatifs au travail ; les parties susmentionnées peuvent cependant choisir – de manière explicite et par écrit – de porter de tels litiges devant un tribunal arbitral indépendant établi au niveau national dans le cadre de l'association et/ou d'une convention collective applicable aux parties. Une telle clause d'arbitrage doit être incluse directement dans le contrat ou dans une convention collective applicable aux parties. Le tribunal arbitral national indépendant doit garantir une procédure équitable et respecter le principe de représentation paritaire des joueurs et des clubs ».

31 Article 22 alinéa 1(c) du règlement du statut et du transfert des joueurs de la FIFA dispose ; « Sans préjudice du droit de tout joueur, entraineur, association ou club à demander réparation devant un tribunal civil pour des litiges relatifs au travail, la compétence de la FIFA s'étend aux litiges de dimension internationale entre un club ou une association et un entraineur relatifs au travail ; les parties susmentionnées peuvent cependant choisir – de manière explicite et par écrit – de porter de tels litiges devant un tribunal arbitral indépendant établi au niveau national dans le cadre de l'association et/ou d'une convention collective applicable aux parties. Le tribunal arbitral national indépendant doit garantir une procédure équitable et respecter le principe de représentation paritaire des entraineurs et des clubs ».

un litige international de travail en matière de football. Ce qui exclut le choix par les parties dans leur contrat ou la convention collective applicable, d'un tribunal civil, même s'il réunit les conditions nécessaires d'indépendance, d'équité et de parité (joueurs et clubs ou entraineurs et clubs selon le cas).

La chambre nationale de résolution des litiges de la FIFA n'a pas encore eu à se prononcer sur la question de ce qu'est une « procédure équitable ». Cependant, sur la base de la circulaire FIFA numéro 1010 du 20 décembre 2005, qui renvoie à l'article 64 alinéa 3 des statuts de la FIFA, l'institution décrite en détail, les critères devant être remplis pour qu'un tribunal arbitral soit considéré comme indépendant et dûment constitué. Ainsi, le principe d'un procès équitable comprend le droit d'être entendu. Les parties doivent avoir la possibilité de présenter leur cas, d'avoir accès au dossier, notamment aux conclusions de la partie adverse et de répondre aux prétentions et arguments de cette dernière. Par conséquent, le respect du contradictoire doit être garanti. Les parties ont enfin droit à un traitement égal devant le tribunal arbitral. Dans le cas où l'organe décisionnaire national ne respecte pas ces conditions, il ne sera pas reconnu par la FIFA[32]. À travers cette réglementation rigoureuse de la FIFA qui conforte le principe de l'indépendance des fédérations sportives internationales dans l'administration de leurs disciplines, l'on comprend pourquoi le principe de l'autonomie de la volonté est mis à rude épreuve en matière de droit international privé du sport.

Pour terminer sur ce point, l'on est tenté de se demander si une juridiction camerounaise pourrait être désignée dans un litige international de travail dans le domaine du football au regard des critères définis par la FIFA. Si le principe retenu est bien celui de l'exclusion des tribunaux ordinaires dans le traitement des litiges sportifs internationaux, alors il ne restera plus que le recours aux juridictions dites « sportives ». A ce sujet, le choix des parties ne pourrait éventuellement se porter que sur la Chambre nationale de Résolution des Litiges (CNRL) de la FECAFOOT ou la Chambre de Conciliation et d'Arbitrage du Comité National Olympique et Sportif du Cameroun. Reste donc à savoir si ces organes juridictionnels internes répondent effectivement aux critères dégagés par la FIFA.

---

[32] C.DUDOGNON et *alii* (sous la coordination de), ***Règlement des litiges au sein du mouvement sportif***, op.cit. p. 40.

Pour ce qui est de la CNRL de la FECAFOOT, nul ne peut contester au regard de son règlement que cette instance est un organe paritaire (parité clubs-joueurs ; parité clubs-entraineurs) conformément à l'article 4 alinéa 6 dudit règlement. La procédure devant cet organe est équitable parce que respectueuse du principe du contradictoire et de l'égalité de traitement entre les parties conformément à l'article 14 du règlement. Cependant, cette instance n'officie pas comme tribunal arbitral, car non seulement ses membres n'ont pas le statut d'arbitre, mais aussi, ses décisions ne sont pas qualifiées de sentences arbitrales. C'est ce qui disqualifie cet organe du traitement des litiges internationaux de travail dans le domaine du football.

Quant à la chambre de conciliation et d'arbitrage du comité national olympique et sportif du Cameroun (CCA du CNOSC), bien qu'elle remplisse les critères de parité et d'équité procédurales et a le statut de tribunal arbitral[33], elle n'existe pas en tant qu'organe juridictionnel *« (…) établi au niveau national dans le cadre de l'association et/ou d'une convention collective (…) »* comme indiqué dans les alinéas 1 (b) et (c) de l'article 22 du règlement du statut et du transfert des joueurs de la FIFA, c'est- à-dire reconnu comme étant un organe de la Fédération camerounaise de football. Elle existe plutôt comme une institution juridictionnelle du comité national olympique et sportif du Cameroun. C'est dire qu'un litige international de travail lié au football et opposant un joueur ou un entraineur et un club ne saurait être porté devant elle.

Conclusion

Que reste-t-il du principe de l'autonomie en droit international privé sportif ? Le recul manifeste de la volonté dans le règlement des conflits internationaux de travail en matière sportif démontre de la toute-puissance de l'ordre juridique sportif face à l'ordre juridique étatique en matière d'élaboration des normes sportives.

S'agissant de la détermination du droit applicable dans un conflit international de travail en matière sportive, on assiste à une primauté du droit sportif transnational au détriment du droit étatique choisi qui n'est exceptionnellement pris en compte que lorsqu'il est compatible à ce droit supranational.

Quant à la détermination de la juridiction compétente dans un conflit international de travail en matière sportive, le mouvement sportif

[33] Conformément à l'article 18 alinéa 6 de son règlement.

international accorde une préférence aux juridictions créées en son sein. Dans le domaine du football par exemple, le tribunal du football de la FIFA reconnaît sa compétence dans la résolution de tout litige international de travail relatif au football entre un club et un joueur ou un entraineur. Lorsque les parties ont inséré dans leur contrat une clause attributive de juridiction au profit d'une juridiction nationale, celle-ci n'est valable que si les conditions ci-après sont réunies :

- la juridiction choisie est un tribunal arbitral établi au niveau national dans le cadre de l'association et/ou d'une convention collective[34], ce qui exclut la désignation d'un tribunal ordinaire ou civil ;
- ledit tribunal est indépendant, paritaire et garantit une procédure équitable.

Ces restrictions à la liberté contractuelle en droit international privé sportif confortent le principe de l'indépendance des fédérations internationales dans l'administration de leurs sports. Cependant, elles entrainent un bouleversement notable de certains grands principes du droit international privé classique notamment le principe de l'autonomie, le principe de l'application des règles de compétence ordinaire et celui du privilège de nationalité.

[34] Il n'existe pas encore de conventions collectives dans le domaine sportif au Cameroun.

LE TRAITEMENT JURIDIQUE DE L'ACCIDENT DE TRAVAIL DU SPORTIF EN DROIT CAMEROUNAIS

Elvice Médard KAMTA FENDOP
Chargé de cours
Faculté des Sciences Juridiques et Politiques
Université de Yaoundé II
Maître-assistant CAMES

Introduction

L'on pourrait affirmer trivialement que le droit est à la société ce que le sang serait au corps humain, tant il parcourt et couvre tous les domaines de la vie sociale pour les réguler, à l'instar du sang qui innerve l'ensemble des parties et organes du corps humain pour les maintenir en santé, voire en vie. Il ne saurait d'ailleurs en être autrement en ce que le droit participe au maintien en vie d'une société donnée. Sa fonction principale est alors de permettre une cohabitation sans conflits entre les membres de la société[1]. Pour cela, en tant que science, il mobilise un certain nombre d'outils qui lui permettent de lire le monde et de traiter les cas. Entre autres outils, l'on peut citer la qualification, la méthodologie, l'interprétation, les organes et le personnel de justice, les juristes, les règles et les normes. Ces outils sont observables dans tous les systèmes juridiques du monde, et font donc du droit une science universelle. Cependant, l'utilisation et surtout le contenu de ces outils peut varier d'un système juridique à un autre, d'un Etat à un autre, ou d'un domaine à un autre. Dans cet ordre de pensées, l'on peut être porté à croire que le droit positif camerounais est à la fois général et particulier. Il est général parce que comme tout Droit, il mobilise tous les outils consacrés de la science juridique tels qu'énumérés ci-dessus pour permettre une cohabitation pacifique. En cela, il diffère logiquement des autres sciences sociales telles que la sociologie, la psychologie, etc. Il est cependant particulier, d'abord parce qu'il est le fruit d'un certain mariage entre le système romano-germanique et celui de la common law, et d'une certaine cohabitation entre le droit écrit et le droit traditionnel ; et ensuite

---

[1] Pierre Étienne KENFACK, Les droits traditionnels dans l'ordre juridique camerounais aujourd'hui, *in Le métissage des droits en Afrique subsaharienne francophone Regards croisés*, Dikè n°3, Toulouse, 2022, **p.79**

parce que certaines règles qu'il sécrète peuvent avoir un contenu particulier, différent de celui des règles issues des autres droits nationaux, ou de celles ayant un caractère international. Sa particularité résiderait enfin dans la distance qui sépare quelques fois l'admirable théorie juridique que révèle plus ou moins éloquemment l'articulation de ses principes, de leur mise en œuvre sur le terrain de la pratique.

Dans tous les cas, le droit positif camerounais régit tous les domaines et secteurs de la vie sociale. Aucun ne lui échappe, encore moins le sport, la santé ou le travail. Les règles positives et organes institués par lesquels il régit ces domaines peuvent être communs ou spéciaux. Il arrive même que lesdites règles ne soient existantes pour certaines hypothèses alors même que ces dernières sont avérées sur le plan factuel, et soulèvent des préoccupations d'ordre juridique. Et l'on sait que l'absence de loi (ou de toute règle juridique positive) ne veut nullement dire absence de droit ; ou qu'une opération législative peut être soit contraire au droit, soit juridiquement superfétatoire. Il peut en outre arriver que la règle juridique applicable soit croisée entre deux domaines au moins. C'est le cas dans l'hypothèse de l'accident de travail du sportif qui convoque au titre de droit applicable, les règles issues du droit social, et celles issues du droit du sport, voire du droit médical.

S'agissant du droit social, il y a lieu de souligner qu'il est constitué, d'une part par l'ensemble des règles juridiques qui régissent les rapports professionnels entre le travailleur et l'employeur, et entre ce dernier et l'apprenti placé sous sa responsabilité, et c'est le droit du travail ; et d'autre part par celles qui régissent la sécurité sociale, notamment les institutions qui ont pour fonction de protéger les individus des conséquences de divers événements généralement qualifiés de risques sociaux. Au Cameroun, le domaine de la sécurité sociale, ici prédominé par le système de la prévoyance sociale[2], est bien plus vaste, car, les prestations qui y sont offertes ne se limitent pas seulement aux situations régies par des contrats soumis au Code du travail[3]. Cependant, les questions comme celles de l'accident de travail opèrent rigoureusement un lien entre les deux pans du droit social, car, la prise en charge par la CNPS (droit de la sécurité sociale) est fondée sur l'existence d'un contrat

---

2 La prévoyance sociale correspond aux mesures de protection sociale créées, réglementées, et imposées par l'Etat. Au Cameroun, cette mission est dévolue à un établissement administratif, la Caisse Nationale de la Prévoyance Sociale (CNPS) dont le siège est situé dans la capitale Yaoundé.

3Même les fonctionnaires par exemple et les travailleurs indépendants peuvent prétendre aux prestations servies par le système de sécurité sociale au Cameroun.

de travail entre l'employeur et le travailleur victime de l'accident de travail (droit du travail).

Le droit du sport quant à lui correspond à l'ensemble des règles qui régissent les droits et les obligations des sportifs. Ces derniers sont des professionnels qui, à ce titre, justifieraient l'intervention du droit social dans leur sphère d'action. Au Cameroun, la professionnalisation du sport a été amorcée en 2011 avec l'entrée en vigueur de la loi n°2011/018 du 15 juillet 2011 relative à l'organisation des activités physiques et sportives. Cette dynamique législative a atteint sa vitesse de croisière avec la loi n° 2018/014 du 11 juillet 2018 portant organisation et promotion des activités physiques et sportives au Cameroun. Cette loi détermine la forme juridique des clubs sportifs, réglemente leur financement, règle la question du financement privé du sport avec les recours aux techniques telles que le sponsoring et le mécénat sportifs. Elle règle aussi la question de l'emploi des sportifs ou du salariat sportif.

Théoriquement, l'on assiste ainsi comme à l'émergence du droit social du sport au Cameroun, avec l'implication d'une réglementation des risques au profit des sportifs salariés.

Dans cet ordre de pensées, il peut être intéressant de se demander comment le droit positif camerounais règle-t-il la question des accidents de travail du sportif.

Cette question est d'autant plus importante que certaines mesures conventionnelles prises sur la question sont apparues tantôt superfétatoires, tantôt discriminatoires à l'égard de la masse des sportifs camerounais exclus du bénéfice de la couverture des risques sociaux. Elle ne l'est pas moins à l'égard des professionnels du droit, les magistrats et les juges en l'occurrence qui, quelques fois, hésitent au moment où il faut prendre des décisions courageuses, parce que fondées en droit.

Par ailleurs, la réponse à cette question exige préalablement que l'on soit fixé sur le sens qu'il faut donner à certains concepts.

D'une part au sujet du concept de sportif. L'article 7 alinéa 1 deuxio de la loi de 2018 susvisée définit le sport comme l'« ensemble d'exercices physiques et intellectuels codifiés se pratiquant sous forme de jeux individuels ou collectifs pouvant donner lieu à des compétitions », il le distingue ainsi du sport de haut niveau qu'il définit comme l'« ensemble d'activités concourant à la participation de l'athlète aux compétitions en vue de la réalisation de performances évaluées par référence aux normes nationales et internationales. » Or, eu égard à ce que le sujet s'inscrit dans le cadre de la professionnalisation du sport, il y a lieu de relever que le sportif visé par les présentes réflexions est celui qui intervient dans le cadre du sport de haut niveau, et que le législateur appelle « athlète », qu'il définit par ailleurs comme étant « tout pratiquant reconnu apte médicalement et régulièrement licencié d'une fédération sportive donnée. »

L'assimilation aux sportifs des juges, arbitres et entraineurs dans la présente analyse pourrait ne pas être hors de sens.

D'autre part au sujet de l'accident de travail. Ce dernier fait partie des deux risques professionnels consacrés par le droit positif camerounais ; l'autre étant la maladie professionnelle. Or, ces deux risques professionnels sont soumis à des régimes si étroitement liés qu'il y a lieu de les mettre ensemble sous le concept de « risques professionnels » dans le cadre des présentes analyses.

Ces précisions étant faites, il y a lieu de dire concernant le problème juridique posé ci-dessus que, si du point de vue théorique, la réponse semble évidente et satisfaisante de manière à emporter l'unanimité (I), il se trouve que sur-le-champ de la pratique, les orientations soient toutes autres (II).

I. L'univocité d'un traitement satisfaisant des risques professionnels sur-le-champ de la théorie juridique

L'examen des règles du droit positif camerounais sur la question de l'accident de travail, associé au recours que l'on peut faire aux principes du droit, permet de dire qu'une unanimité peut se dégager autour de la caractérisation retenue des risques professionnels du sportif salarié (I), ainsi qu'au régime juridique qui se doit de lui être appliqué (II).

A. Une univocité sur les caractérisations des risques professionnels du sportif salarié

Le droit camerounais prévoit des critères qui permettent de retenir la qualification d'accident de travail et de maladie professionnelle du sportif (1), de manière à ce qu'il n'y ait pas de confusion sur les frontières qui entourent la notion (2).

1. Les critères de qualification des risques professionnels du sportif salarié

Pour que la rétention de la qualification de risque professionnel du sportif salarié soit juridiquement valable, il faut que celui-ci survienne au préjudice du sportif (a), et ce dans le cadre de l'exécution d'un contrat de travail sportif (b).

a. La réalisation du risque professionnel au préjudice du sportif

L'article 2 de la loi n° 77-11 du 13 juillet 1977 portant réparation et prévention des accidents de travail et des maladies professionnelles dispose au sujet de l'accident de travail que, quelle qu'en soit la cause, l'accident survenu a tout travailleur :

a) par le fait ou à l'occasion du travail ;

b) pendant le trajet aller et retour entre :

- sa résidence principale ou une résidence secondaire présentant un caractère de stabilité et son lieu de travail ;
- le lieu de travail et le restaurant, la cantine ou, d'une manière générale le lieu où il prend habituellement ses repas ;

c) pendant les voyages dont les frais sont à la charge de l'employeur en application du Code du travail, à condition que le parcours n'ait pas été interrompu ou détourné par un motif dicté par l'intérêt personnel et étranger aux nécessités du travail ou de l'emploi. En clair, il s'agit de tout évènement ou fait dommageable survenu lorsque l'employeur a la maîtrise de la prestation du salarié, c'est-à-dire pendant le temps de travail.

La maladie professionnelle quant à elle, peut être définie comme une altération organique ou fonctionnelle du travailleur, suscitée par l'accomplissement de certains travaux dans l'exercice de ses fonctions.

Il y a simplement lieu de relever que tout ce qui vient d'être dit a vocation à s'appliquer au travail du sport.

b. La réalisation du risque professionnel dans le cadre de l'exécution d'un contrat de travail sportif

La rétention de la qualification d'accident de travail et de maladie professionnelle ne peut être faite au sens de la loi que si le risque professionnel concerné se réalise dans le cadre de l'exécution d'un contrat de travail.

Ce dernier est défini comme une convention par laquelle le travailleur met ses compétences professionnelles sous l'autorité et la direction de l'employeur moyennant rémunération. Ainsi, le contrat de travail entre dans l'existence juridique, indépendamment de la dénomination que les parties ont bien voulu lui donner, ou de la forme par laquelle elle a été conclue, lorsque les trois conditions suivantes sont réunies à savoir : une prestation ; une rémunération ; le lien de subordination.

Ramené à l'objet de nos réflexions, l'on peut dire que ces conditions d'existence du contrat de travail sont vérifiables dans le domaine sportif. Un sportif peut alors être recruté par un club sportif (amateur ou professionnel) ou une fédération afin d'accomplir certaines prestations sportives[4] (jeu, arbitrage, entrainement, etc.) sous son autorité et sa direction, moyennant rémunération. On sera ainsi en présence d'un contrat de travail sportif.

Dans tous les cas, la loi de 2018 confirme l'existence de l'emploi des sportifs ou du salariat sportif en ces termes : « le club sportif professionnel emploie des sportifs professionnels contre rémunération fixée d'accord partie »[5].

Le risque professionnel se réalisera alors en tant que tel lorsque, dans le cadre de l'exécution du contrat de travail sportif, un accident survient au préjudice du sportif salarié.

Il en est de même de la maladie professionnelle qui désigne toute maladie résultant de l'exercice de certaines activités professionnelles sportives ou de la charge de travail sportif. La liste des maladies professionnelles est établie par décret après avis de la Commission nationale d'hygiène et sécurité au travail. Le lien de causalité entre la maladie et l'activité professionnelle peut être constaté au moyen d'une présomption consignée dans le tableau des maladies professionnelles[6]. En dehors des cas prévus dans le tableau, la loi considère comme

---

4 D. DEMAZIERE, F. OHL et O. Le NOE, « La performance sportive comme travail », disponible sur http://dx.doi.org/10.1016/j.soctra.2015.09.001. Consulté le 27 avril 2023.

5 Article 40 alinéa 1 de la loi n° 2018/014 du 11 juillet 2018 portant organisation et promotion des activités physiques et sportives au Cameroun.

6 Ce tableau est établi par décret pris après avis de la Commission nationale d'hygiène et de sécurité du travail.

maladie professionnelle les cas pour lesquels la Commission aura statué en ce sens[7].

2. Les implications de la qualification sur la définition du champ des risques professionnels protégés du sportif salarié

L'examen des implications de la qualification de risques professionnels dans le champ sportif peut se situer à deux niveaux, et concerner les exclusions avérées et les inclusions souhaitées.

Sur les exclusions qui ne souffrent d'aucun doute, il faut simplement souligner que certaines activités sportives sont exclues du champ des risques professionnels au sens des présentes analyses. Il s'agit notamment du sport en entreprise ou sport du travail[8] (car on a à faire ici aux salariés non sportifs, et donc parfaitement soumis au droit social classique) ; du sport militaire au sens de la loi de 2018 (article 10) ; du sport pour tous prévu dans les articles 15 et suivants de la loi de 2018 ; de l'agent sportif qui semble plus concerner par les règles de droit commercial eu égard à ses missions de mandataires et de courtages (article 29 de la loi de 2018) ; du sport personnel en dehors de l'entreprise à laquelle on appartient (non juridiquement appréhendé, sauf lorsque cela est causé par un tiers : application éventuelle de l'article 1382 du Code civil) ; ainsi que des accidents de sports survenus dans le cadre scolaire (maternel, primaire, secondaire, formation professionnelle : article 4 de la loi d'orientation ; voir aussi article 12 : très important puisque ça concerne aussi le supérieur).

Par contre, il y a lieu de plaider pour l'inclusion de certains aspects liés notamment au moment de la survenance de l'accident, et tenant compte de la nature spécifique du sport. Nous sommes d'avis avec BARTHÉLEMY qu'au-delà des séances d'entraînement et des compétitions officielles, la recherche effrénée de la performance sportive amène le sportif à s'entraîner au-delà des heures fixées par les règlements

---

[7] On peut donc penser à juste titre qu'il appartient à cette Commission d'inscrire les maladies professionnelles liées à la spécificité sportive aux tableaux officiels au moyen d'un tableau additif. Ce qui permettra qu'elles ouvrent droit à réparation en faveur des sportifs victimes, à compter du jour où elles ont été reconnues par la Commission nationale d'hygiène et de sécurité au travail.

[8] Le Sport du travail est définie par l'article 10 de la loi n° 2018/014 du 11 juillet 2018 portant organisation et promotion des activités physiques et sportives au Cameroun, comme étant la pratique des activités physiques et sportives, de loisirs, visant notamment la préservation, l'entretien, l'amélioration des capacités physiques et morales des travailleurs, ainsi que la prévention des risques et accidents susceptibles de survenir en milieu professionnel.

intérieurs des clubs sportifs[9]. Or, pendant que cette pratique est bénéfique pour l'organisateur du spectacle sportif et pour le club sportif, les risques qui peuvent en découler sont entièrement assumés par le sportif en ce qu'ils ne rentrent pas dans la définition classique des risques professionnels. On le voit bien, leur révision en vue de leur adaptation à l'environnement sportif s'avère être une nécessité, afin que le sportif salarié puisse véritablement bénéficier de la protection contre les risques professionnels.

B. Une univocité sur le régime applicable aux risques professionnels du sportif salarié

En cas de survenance d'un accident de travail ou d'une maladie professionnelle dans les conditions ci-dessus rappelées, le sportif salarié devra être soumis au régime de protection sociale de droit commun (1), même si ce régime doit être complété par des institutions particulières pour tenir compte de la spécificité de l'activité sportive (2).

1. L'application du régime classique de la protection sociale

Le droit positif camerounais de la sécurité sociale prévoit qu'en matière d'accident de travail et de maladie professionnelle, certaines conditions doivent être réunies pour que le travailleur sinistré puisse bénéficier d'un certain nombre de prestations.

Parmi les conditions susvisées, l'immatriculation de l'assuré et le paiement des cotisations aux taux indiqués par le décret n° 78/283 du 10 juillet 1978 fixant le taux des cotisations de la branche accidents du travail et des maladies professionnelles[10], occupent une place de choix.

C'est dire que le sportif salarié victime d'un accident de travail ou d'une maladie professionnelle doit avoir été immatriculé, ce qui suppose que son employeur doit être affilié à la CNPS, et doit procéder aux retenus à la source de son salaire au titre des cotisations sociales et même patronales qu'il se doit de reverser à la CNPS.

Les prestations fournies comprennent selon le cas des indemnités, la prise en charge ou le remboursement des frais engagés et nécessités par

---

[9] J. BARTHELEMY, « La durée du travail du sportif professionnel », *RJES*, n° 60, 2001, particulièrement pp. 29 et s. et « Le temps de travail et de repos des rugbymen professionnels », *Droit et rugby*, (dir.) BUY, LGDJ, 2013, p. 67 et s.

[10] E.L. MBIA, *La protection du travailleur contre les accidents de travail*, Mémoire de master II-recherche, Université de Yaoundé II, 2020, p. 47 et s.

le traitement, la rééducation fonctionnelle et la reconversion. Pour les détails, voir le décret de 1978 susmentionné.

Les indemnités sont des sommes d'argent « correspondant à des risques pris en charge par la sécurité sociale »[11]. Elles sont versées de façon journalière à la victime pendant la période d'incapacité temporaire. Il peut s'agir de la rente[12] ou **l'**allocation d'incapacité versée à la victime en cas d'incapacité permanente totale[13] ou partielle[14], de l'allocation des frais funéraires et les rentes de survivant versées en cas de décès de la victime[15]. Le montant de l'indemnité journalière est égal aux deux tiers de la rémunération journalière de la victime. Cette rémunération comprend notamment le salaire proprement dit, les indemnités, les primes et gratifications perçues par le travailleur à l'exclusion des frais professionnels[16]. L'indemnité journalière à verser à la victime ou à ses

---

[11] G. CORNU, *Vocabulaire juridique de l'association Henri Capitant*, Paris, PUF, 12ème édition, 2018, p. 534.

[12] Elle est due lorsque le degré d'incapacité est supérieur à 20 %. Le montant est selon le degré d'incapacité proportionnel à celui de la rente à laquelle la victime aurait eu droit en cas d'incapacité permanente totale.

[13] La victime a droit à une rente d'incapacité totale d'un montant de 85 % de sa rémunération mensuelle moyenne.

[14] Le montant de l'allocation d'incapacité partielle est égal à 10 fois le montant annuel de la rente correspondant au degré d'incapacité de la victime.

[15] Le montant est fixé en rapport avec la rémunération servant de base de calcul de la rente d'incapacité permanente totale. Ce montant est réparti aux ayants droit proportionnellement aux coefficients ci-après :
- 5 parts pour chaque conjoint survivant ;
- 4 parts pour chaque orphelin de père et de mère ;
- 3 parts pour chaque orphelin de père ou de mère ;
- 2 parts pour chaque ascendant ;

Toutefois, le montant total des rentes auxquelles ont droit les survivants de la victime, ne peut dépasser le montant de la rente d'incapacité permanente totale à laquelle celle-ci aurait droit. Au cas où le total des rentes devait dépasser cette limite, chacune des rentes serait réduite en proportion sans que cette réduction soit définitive.
Le droit à la rente du conjoint survivant s'éteint en cas de décès ou de remariage avec une personne jouissant d'un revenu imposable. En cas de décès de l'ayant droit, antérieurement à l'attribution de la rente, il ne prend pas part au partage et la rente est récupérée par la CNPS. Le droit à la rente de l'orphelin cesse dès qu'il n'ouvre plus droit aux prestations familiales. Celui de l'ascendant cesse à son décès (article 31 (3) Loi du 13 juillet 1977).

[16] Dans le même sens, les articles 4-1 et 4-2 de la convention de partenariat portant extension de la couverture sociale aux métiers du football précitée disposent que « le calcul des cotisations se fait sur la base du salaire… », « Les primes liées aux résultats des matchs ainsi qu'à la participation aux entraînements, les autres avantages en nature et en espèces versés aux joueurs sont pris en compte dans l'assiette des cotisations sociales à due concurrence du plafond imposable ».

ayants droit courts à compter du premier jour qui suit l'arrêt du travail consécutif à l'accident de travail ou à la maladie professionnelle sans distinction entre les jours ouvrables, les dimanches et les jours fériés, pendant toute la période d'incapacité de travail qui précède, soit la guérison complète, soit la consolidation de la blessure, soit la date de reprise de service ou de décès et est à la charge de la CNPS[17].

La Caisse nationale de Prévoyance sociale supporte les charges relatives au traitement des maladies professionnelles et des accidents de travail. Si l'assuré a engagé ses frais dans le processus de son traitement, il a droit à leur remboursement. Il s'agit des frais nécessités par les soins chirurgicaux ou médicaux, les frais pharmaceutiques, les médicaments et les frais accessoires tels que les examens radiographiques ou de laboratoire, les frais de prothèse et d'orthopédie nécessitées par l'infirmité résultant de l'accident, la couverture des frais de transport et de déplacement, le déplacement de la victime pour répondre aux réquisitions et aux contrôles médicaux[18].

En outre, la victime d'un accident de travail ou d'une maladie professionnelle bénéficie d'un droit à la réadaptation fonctionnelle et à la reconversion professionnelle. La réadaptation fonctionnelle désigne un ensemble de mécanismes permettant à la victime rendue inapte de bénéficier d'une rééducation dans un établissement public ou privé. Elle est très pratiquée dans le sport et intervient généralement à la suite d'une opération suscitée par une blessure.

La reconversion professionnelle quant à elle, vise à permettre à la victime de bénéficier d'un nouveau poste ou d'un nouvel emploi si l'occupation du précédent est rendue impossible par l'incapacité permanente due à l'accident de travail ou à la maladie professionnelle. Cette hypothèse est d'opérationnalisation difficile lorsqu'on considère l'importance du corps du sportif pour sa prestation, car s'il est diminué physiquement de façon permanente, il ne lui sera plus possible d'exécuter sa prestation de travail.

À côté de cette protection sociale classique dont le sportif salarié doit bénéficier, des régimes de protections spécifiques ont été institués en sa faveur.

---

17 Article 21 (2) Loi du 13 juillet 1977.

18 Article 36 Loi 13 juillet 1977.

2. L'application des régimes spécifiques

Les spécificités de l'activité sportive a conduit le législateur camerounais à consacrer un certain nombre d'institutions pour assurer la protection sociale du sportif salarié exposé aux accidents de travail et aux maladies professionnelles. Ces mesures législatives visent à compléter le droit commun dont les règles sont incapables de régler les problèmes soulevés par la nature spécifique du sport salarié. Il en va ainsi notamment de l'institution de l'obligation d'assurance en faveur des sportifs salariés, et de l'institution de la médecine du travail sportif.

S'agissant de l'assurance obligatoire, l'article 22 *in fine* de la loi de 2018 dispose qu'en faveur des sportifs de haut niveau, l'État peut prendre des dispositions pour « la souscription d'une police d'assurance couvrant les risques encourus lors des phases de préparation et de participation aux compétitions internationales. » En vertu de l'article 46 alinéa 1 de la même loi, les fédérations sportives sont tenues de contribuer à la souscription obligatoire de police d'assurance couvrant les risques auxquels sont exposés leurs adhérents. L'article 22 des règlements généraux de la FECAFOOT dispose quant à lui qu'« *un régime obligatoire d'assurance concernant les clubs, les joueurs et les dirigeants, les entraîneurs et les arbitres sont liés à la signature des licences* ». Les articles 100 et 101 de la loi de 2018 étendent respectivement l'obligation de souscrire à une police d'assurance particulière, aux organisateurs des manifestations et compétitions sportives, et aux exploitants d'infrastructure accueillant des activités physiques et sportives, pour la couverture des risques dans le cadre des activités sportives organisées. D'ailleurs, la violation de cette obligation implique à l'encontre de ces derniers des sanctions pénales sévères (5 000 000 à 10 000 000 ; les peines étant doublées en cas de récidive, avec possibilité de dissolution de la structure par le ministre en charge du sport.

S'agissant de la médecine du travail sportif, l'on peut déjà la définir comme l'opération d'encadrement médical de la pratique des activités physiques et sportives en tant qu'une prestation de travail. Elle est instituée par l'article 2 alinéa 4 de la loi de 2018 en ces termes : « *La pratique des activités physiques et sportives doit être sécurisée par une médecine du sport codifiée.* » Toutes ces mesures visent simplement à garantir la santé des sportifs.

Malheureusement, l'on a l'impression d'assister à un régime tantôt différent, tantôt différencié sur-le-champ de la pratique.

II. L'équivocité d'un traitement parcellaire sur-le-champ de la pratique juridique

Malgré le sentiment de satisfaction que peut procurer l'analyse théorique du traitement juridique de l'accident de travail du sportif salarié en droit camerounais, il y a lieu de relever que du point de vue de l'effectivité, bien de préoccupations peuvent être soulevées. Sur le terrain de la pratique dite juridique, l'on semble en effet constater quelques incongruités (A), par rapport auxquelles les praticiens du droit ont peut-être tort de garder *a priori* le silence, ou d'observer une probable réticence (B).

A. Le constat de quelques incongruités juridiques

Au rang des incongruités juridiques que l'on peut identifier sur le terrain, relativement au traitement juridique des accidents de travail du sportif salarié, nous nous proposons de ne nous attarder que sur deux cas à savoir d'une part, ce qui semble apparaitre comme étant le caractère facultatif de l'immatriculation des sportifs salariés (1), et d'autre part, et c'est son corollaire, sur la pertinence de dévier de la convention signée entre la FECAFOOT et la CNPS (2).

1. L'*a priori* du caractère facultatif de l'immatriculation du sportif salarié

Un simple regard sur les réalités de la scène juridico-sportive au Cameroun permet de constater que sur la multitude des fédérations sportives légalement constituées, un faible nombre est affilié à la CNPS. C'est le cas de la FECAFOOT, pour s'en féliciter. L'on remarque aussi que de la foultitude des clubs seuls quelques rares sont affiliés à la CNPS. On peut citer, au rang des clubs appartenant à des fédérations autres que le FECAFOOT, la SNH Vélo Club, sachant que même pour les clubs de football, on n'en dénombre pas beaucoup qui le soient. Il y a également lieu de se féliciter pour des clubs de football comme Coton Sport.

Ce constat conduit à tirer au moins deux conclusions :

- La rareté des clubs sportifs amateurs et/ou professionnels dans les registres de la CNPS en tant qu'entités affiliées signifie que la plupart des sportifs camerounais n'y sont pas immatriculés, et par conséquent ne peuvent bénéficier des prestations sociales en guise de réparation des préjudices causés par les accidents de travail et maladies professionnelles.

- Le déploiement sans inquiétudes de ces entités sur la scène sportive camerounaise laisse croire que leur affiliation, et surtout par conséquent l'immatriculation de leurs travailleurs sportifs est simplement facultative.

Il va s'en dire que de telles conclusions sont simplement contraire au droit, tant l'obligation pour l'employeur de se faire affilier à la CNPS, et surtout d'y faire immatriculer ses employés non sans s'acquitter des cotisations dues est éminemment impérative, indépendamment de sa nature physique ou morale, commerciale ou non, professionnelle ou non, de droit public ou de droit privé.

Pour s'en convaincre, il suffit de se référer à l'article 34 de l'Ordonnance n°73-17 du 22 mai 1973 portant organisation de la Prévoyance sociale, modifiée par la loi n° 84-006 du 04 juillet 1984 qui sanctionne pénalement toute violation de cette obligation. Cet article dispose en effet que : « *Est puni d'un emprisonnement de trois mois à deux ans et d'une amende de vingt milles à deux cent mille francs ou de l'une de ces deux peines seulement, quiconque organise, par voie de fait, menaces ou manœuvres concertées, le refus de se conformer aux prescriptions de la législation de Prévoyance sociale et notamment de s'affilier à la Caisse Nationale de Prévoyance sociale ou de payer les cotisations dues* »[19].

Si l'incongruité sus évoquée procède davantage des faits juridiques, il y en a qui sont traduites par des actes juridiques. C'est le cas de la Convention signée entre la FECAFOOT et la CNPS.

2. Le caractère juridiquement superfétatoire de la convention

A l'initiative conjointe de la Caisse Nationale de Prévoyance sociale, du ministère des Sports et de l'Éducation physique, de la fédération camerounaise de football et des acteurs sociaux, la couverture sociale assurée par la CNPS a été étendue aux métiers du football par le biais de la convention de partenariat du 11 juillet 2011 portant extension de la couverture sociale aux métiers du football.

Une telle initiative est certes louable. Mais elle laisse croire que la couverture sociale des métiers de sport qu'offre la CNPS n'est possible que lorsqu'un acte juridique, notamment conventionnel, est conclu entre cette dernière et la fédération sportive concernée. Or, l'existence d'une

---

[19] Cette disposition consacre la répression de la violation de l'article 4 de la même Ordonnance qui dispose que « Toute personne physique ou morale employant un ou plusieurs travailleurs relevant du Code du Travail est tenue de s'affilier à la Caisse Nationale de Prévoyance Sociale ».

telle convention eut été pertinente qu'elle aurait simplement précisé certains contours liés à la spécificité du métier de football. Elle n'est donc pas sensée en constituer le fondement de la couverture, car la loi est suffisante de ce point de vue. C'est dire qu'en l'absence de convention, le régime légal qui est celui de l'obligation de l'immatriculation du travailleur qui pèse sur l'employeur doit s'appliquer.

La Convention susvisée contient des stipulations qui semblent d'ailleurs contraires à la loi et aux principes généraux du droit sociaux. Une illustration est relative au taux de cotisation pour les risques professionnels constaté par le Docteur FOUOMENE dans sa thèse de doctorat : les parties à la convention reconnaissant « le taux élevé du risque d'accident auquel s'exposent le joueur… », en arrivent bizarrement et paradoxalement à retenir le taux de 1,75 pour-cent en matière de risques professionnels, alors même que ledit taux est attribué aux « faibles risques », les risques moyens et les risques élevés faisant respectivement l'objet des taux fixés à 2,5 et 5 pour-cent[20].

Les praticiens du droit devraient alors s'empresser de se saisir de ces situations. Sauf que l'on semble noter une certaine réticence.

B. La réticence faussement justifiée des praticiens du droit

La réticence des praticiens du droit, face à ce que nous avons appelé les incongruités observables sur la scène juridico-sportive du Cameroun, est expliquée par un certain nombre d'arguments (1) qu'il conviendrait de corriger jusqu'à concurrence du juridiquement tolérable (2).

1. Les arguments de la réticence observable

Les praticiens du droit auxquels référence est faite quant à la réticence susvisée correspondent essentiellement aux juges et aux avocats et assimilés[21]. En analysant, l'on pourrait identifier un certain nombre d'arguments qui seraient à la base d'une telle réticence.

L'argument type ou l'argument majeur susceptible d'être brandi est celui de la spécificité du sport, ou de la prestation sportive. Au soutien

---

20 E. FOUOMENE, *Les protections traditionnelles et le développement du système de sécurité sociale au Cameroun*, Thèse, droit, Université de Genève, 2013, p. 184.

21 La mention des mandataires et autres conseillers et experts en droit mériterait d'être faite ici. Ces derniers sont recensés tant des structures publiques que dans des structures privées, ou agir en tant que salariés dans des organisations sociales spécialisées, ou en clientèle privée. Il y a cependant lieu de souligner qu'en tant que créateur de la norme juridique, le législateur n'est pas moins un praticien du droit. Devrait-il alors lui aussi être visé dans cette rubrique.

de cet argument, l'on relève que le taux du risque de certains sports de contact comme le football, la boxe et bien d'autres est très élevé comparé à celui des prestations de travail classique ; de la sorte, s'engager dans la protection sociale des travailleurs sportifs pourrait impliquer des pertes certaines au préjudice de l'organe public en charge de cette mission de protection sociale. Cette inquiétude serait alors d'autant plus avérée et fondée que la réalité de la durée limitée de la carrière des sportifs a pour vocation d'empêcher que certaines conditions soient réunies pour leur permettre de bénéficier des prestations sociales servies par la CNPS. Il s'agit principalement de l'âge du départ en retraite qui est au moins de soixante ans[22] dans le secteur privé, sauf exception dans l'hypothèse, du respect de la durée minimale de l'immatriculation à la CNPS datant d'au moins vingt ans, de l'accomplissement d'au moins soixante mois d'assurance au cours des dix dernières années précédant la date d'admission à la retraite[23]. Cela semble en effet illusoire pour le sportif qui, on le sait, à une carrière généralement brève, allant globalement de l'âge de 18 ans jusqu'à celui d'environ 30 ans, soit environ 12 ans de carrière, bien loin des conditions requises pour le bénéfice de certaines prestations sociales.

Bien d'autres arguments plus ou moins importants peuvent être avancés pour soutenir la réticence des praticiens du droit à oser des actions dans le sens de faire correspondre la théorie juridique à ce que vivent les sportifs salariés sur-le-champ de la pratique. C'est le cas par exemple de l'existence d'un droit sportif qui serait spécial, et dérogerait par conséquent au droit commun ; l'on regrette alors que cette dérogation soit perçue si absolument que certains semblent craindre de dire que les règles issues du droit commun ont vocation à régir les aspects non réglementés par le droit spécial dans une discipline quelconque. Un autre argument de cet acabit peut viser l'attentisme dont feraient montre les travailleurs sportifs victimes d'un accident de travail ou alors souffrant d'une maladie professionnelle. Le juge, tout comme l'avocat, estimerait alors à juste titre qu'il ne saurait prendre d'initiative à la place de la victime. Il reste cependant à savoir si le rôle d'un avocat est incompatible à celui d'un alerteur ou d'un vulgarisateur ou encore s'il est prohibitif à des actions de conscientisation de sa part.

---

22 Article 10 de la loi n° 69/LF/18 du 10 novembre 1969 instituant un régime d'assurance pension de vieillesse, d'invalidité et de décès.

23 E. FOUOMENE, *Les protections traditionnelles et le développement du système de sécurité sociale au Cameroun*, Thèse, droit, Université de Genève, 2013, p. 185.

2. La contre-argumentation

Face aux arguments généralement avancés (lesquels ont été illustrés ci-dessus par quelques exemples) pour tenter de légitimer les passe-droits observables dans la pratique du droit des accidents de travail et maladies professionnelles du sportif salarié au Cameroun, nous nous proposons d'opposer quelques essais de contre-arguments. Il s'agit alors d'une tentative de démonstrations en trois détentes non exhaustives.

Premièrement, le droit social n'exclut pas le travail sportif de son champ. En effet, aucune disposition du droit du travail ou du droit de la prévoyance sociale n'exclut ni expressément ni implicitement le travail sportif. Cela mérite d'autant plus d'être relevés que l'on sait par exemple que le Code du travail est très incisif et très précis lorsqu'il s'agit de définir son champ d'application. Si l'article 1 alinéa 3 tend à circonscrire le champ subjectif du code[24], l'article 2 quant à lui s'attèle sous l'angle objectif à exclure, ou mieux à interdire, un seul type de travail : le travail forcé[25]. Or, l'article 1er du même Code s'était déjà suffisamment montré clair quant à ce que la loi entend par travailleur[26]. Et pour définitivement clore le débat ou stopper toute tergiversation, l'article 4 de l'Ordonnance n° 73-17 du 22 mai 1973 portant organisation de la Prévoyance sociale, modifiée par la loi n° 84-006 du 04 juillet 1984 dispose péremptoirement que « Toute personne physique ou morale employant un ou plusieurs travailleurs relevant du Code du travail est tenue de s'affilier à la Caisse Nationale de Prévoyance sociale » [(27)]. Bien plus, et quoique cela pourrait

---

[24] En vertu de l'article 1 alinéa 3 du code du travail camerounais (loi n°92/007 du 14 aout 1992), sont exclus du champ d'application les personnels régis par le statut de la fonction publique, le statut de la magistrature, le statut général des militaires, le statut spécial de la sûreté nationale, le statut spécial de l'administration pénitentiaire, les dispositions particulières applicables aux auxiliaires de l'administration.

[25] Le législateur définit alors le travail forcé ou obligatoire comme tout travail ou service, exigé d'un individu sous la menace d'une peine quelconque, pour lequel ledit individu ne s'est pas offert de son plein gré (Article 2 alinéa 4 du Code de travail).

[26] Cet article 1er alinéa 2 du code de travail considère le travailleur comme toute personne, quels que soient son sexe et sa nationalité, s'est engagée à mettre son activité professionnelle moyennant rémunération, sous la direction et l'autorité d'une personne physique ou morale, publique ou privée, celle-ci étant considérée comme « employeur ».

[27] L'employeur « Etat du Cameroun » en est exempté pour son personnel relevant du Code du Travail à compter :

- du14/7/80 en ce qui concerne les accidents du travail et les maladies professionnelles (Loi 80/05 du 14/5/80) ;

laisser croire que le législateur camerounais a enfoncé une porte largement ouverte, il y a lieu d'indiquer que la loi de 2018 est allée dans le même sens en consacrant minimalement le travail sportif en ces termes « Le club sportif professionnel emploie des sportifs contre rémunération fixée d'accord partie. »[28] C'est dire que les justiciables et surtout les praticiens du droit ne devraient plus considérer comme indécente l'idée d'une action visant à restaurer les droits sociaux d'un sportif victime d'un accident de travail, ou aux prises avec une maladie professionnelle. Bien au contraire, ils devront non seulement entretenir et mûrir une telle idée, mais surtout la traduire sur-le-champ du concret.

Deuxièmement, le droit social positif camerounais ne soumet la prise en charge d'un travailleur victime d'accident de travail à aucune condition temporelle. En effet, la question de l'accident de travail (ou de la maladie professionnelle) n'exige pas de minima quant à la durée de l'immatriculation. Seules l'affiliation de l'employeur et l'immatriculation du travailleur sont requises pour fonder juridiquement la prise en charge en cas de réalisation d'un risque professionnel. Et dès que ces deux conditions sont satisfaites, l'employeur est tenu de déclarer dans un délai de 3 jours ouvrables tout accident du travail ou toute maladie professionnelle constatée. S'il ne le fait pas, le travailleur (ou ses ayants droit en cas de décès) bénéficie d'un délai de prescription de 3 ans. La réparation accordée à la victime comprend des prestations en nature et des prestations en espèces[29], dès le 1er jour d'arrêt sans condition de période de cotisations. S'il en décède, ses proches parents bénéficient de ces prestations. C'est dire que le caractère bref ou non de la carrière du sportif n'a aucune incidence sur la prise en charge du sportif salarié en cas de maladie professionnelle ou d'accident de travail. Bien plus, cette vérité juridique a pour vocation de mettre en lumière la responsabilité pratique du sportif salarié victime d'un risque professionnel, et dont l'employeur s'abstient de déclarer le sinistre, ou s'était abstenue de l'immatriculer. Un recours devant le juge pourrait alors avoir pour heureux effets de le restaurer dans ses droits.

- du 19/12/90 en ce qui concerne les PVID (Loi 69-LF-18 du 10/11/69 modifiée par la loi 90/063 du 19/12/90) ;
- du 18/10/01 s'agissant des Prestations Familiales (Loi 2001-018 du 18/10/01).

[28] Article 40 alinéa 1 Loi N° 2018/014 du 11 juillet 2018 portant organisation et promotion des activités physiques et sportives au Cameroun.

[29] Cf. supra : l'application du régime classique de la protection sociale.

Enfin, dans ces hypothèses de non-droit, de passe-droit, de contre-droit ou de paradroit, le juge est appelé à jouer efficacement sa partition, laquelle peut s'avérer éminemment majeure pour le rétablissement du droit dans sa mission d'organiser une vie sociale sans conflit. Son rôle premier est certes d'appliquer la loi, si bien que dans son office, il est lui est défendu de prononcer par voie de disposition générale et réglementaire sur les causes qui lui sont soumises[30]. Cependant le Code civil dispose que le juge qui refusera de juger, sous prétexte du silence, de l'obscurité ou de l'insuffisance de la loi, pourra être poursuivi comme coupable de déni de justice[31]. Cette disposition a toujours constitué une véritable aubaine pour le juge en faveur du comblement d'un vide législatif ou de l'éclairage d'un flou juridique. C'est dans cette dynamique qu'ont été constitués des régimes juridiques tels que celui de la faute professionnelle en droit social. C'est dans cette même logique que le juge camerounais devra s'inscrire pour régler les questions de la sécurité sociale des sportifs, et contribuer ainsi à la construction du droit social par des jurisprudences de principe qui viennent apaiser les tensions en milieux sportifs. En face dont des normes éparses et quelques fois contradictoires, ou interprétées comme telles, le juge doit se prononcer. Il pourra alors se faire aider par les plaidoiries d'avocats et les productions doctrinales. C'est dire que le justiciable sportif salarié devra se réveiller de manière à offrir au juge l'opportunité d'intervenir pour sauvegarder ses droits. Il ne lui restera alors qu'à se confier à un expert du droit pour identifier le juge compétent et le saisir dans le respect des conditions consacrées en la matière.

C'est dire alors que des incursions dans le contentieux en matière sociale peut s'avérer importantes dans l'optique d'inspirer et les avocats, et le juge, et pourquoi pas le législateur et l'autorité réglementaire.

Au demeurant, à la question de savoir comment le droit camerounais régit-il l'accident de travail du sportif, la construction de la réponse qu'il a fallu adresser à cette problématique a comme imposé un nécessaire préalable ; celui de ranger l'accident de travail dans la catégorie des risques professionnels, afin d'analyser l'ensemble dont la maladie professionnelle constitue l'autre élément. La pertinence de cette démarche réside non seulement dans la grande proximité naturelle entre les deux risques, mais aussi, et surtout à la quasi-identité du régime

30 Article 5 du Code civil.

31 Article 4 du Code civil.

juridique qui leur est applicable. Le sportif est naturellement exposé aussi bien à l'accident de travail qu'à la maladie professionnelle.

Plus substantiellement, l'on est parvenu à la conclusion selon laquelle, la théorie du droit a du mal à connaitre une fortune heureuse sur le terrain de la pratique juridique au sujet des risques professionnels. Déjà, il faut partir de l'idée selon laquelle il n'y a pas de vide juridique, mais plutôt des vides législatifs, ou plus globalement des vides textuels possibles. Partant de là, l'on est parvenu à une première conclusion suivant laquelle, sur le plan de la théorie du droit, les caractérisations des risques professionnels, telles qu'admises à l'égard des travailleurs classiques, devraient tout autant concerner les travailleurs sportifs. Dans cet ordre de pensées, il suffirait alors qu'un accident de travail ou une maladie professionnelle surviennent au préjudice du travailleur sportif, et que cela arrive dans le cadre de l'exécution d'un contrat de travail sportif pour que l'on soit en face d'un risque professionnel juridiquement admis. Cette univocité est aussi perceptible dans le régime juridique applicable au travailleur sportif à l'encontre de qui le risque professionnel est réalisé. Ainsi, le régime juridique se décline doublement pour le travailleur sportif. D'abord, celui-ci est théoriquement soumis à un régime de droit commun puisque rien ne l'interdit. Ensuite, le travailleur sportif bénéficie de régimes spécifiques comme l'assurance volontaire qui est légalement imposée au profit des sportifs de haut niveau, et la médecine du travail sportif.

Sur le terrain de la pratique juridique cependant, l'univocité ci-dessus célébrée est remplacée par une équivocité troublante. Pour preuve, certaines incongruités juridiques sont observables. Il en est ainsi du caractère *a priori* facultatif de l'immatriculation des sportifs salariés, alors même la loi impose à l'employeur de faire immatriculer son travailleur, sous peine de sanctions. Il en est aussi des parades conventionnelles, à l'instar de celle liant la FECAFOOT à la CNPS, qui apparaissent comme devant se substituer à la loi pour fonder la prise en compte des travailleurs sportifs par les services de la CNPS. Dans tous les cas, la spécificité du sport, et partant du droit du sport ne saurait empêcher les acteurs du droit, et plus spécifiquement le juge de jouer pleinement le rôle qui est le sien, à savoir dire le droit, et non pas seulement la loi. Le travailleur sportif ne serait ainsi pas privé de protection d'abord, qu'il soit de haut niveau ou un simple amateur. Il reste à se demander si le contexte sociopolitique camerounais est favorable au plein déploiement du juge dans ses missions sacrées.

L'INAPTITUDE DU SPORTIF SALARIE : REGARD D'UNE UNIVERSITAIRE

Georgette Suzanne GUILIWAL
Epse ATEBA ZINGUI,
Chargée de Cours
Université de Yaoundé II

Introduction

Dans l'exécution de sa prestation de travail, le sportif professionnel[1] ou encore salarié met à contribution son corps. Le sociologue Frédéric RASERA parle de l'omniprésence de la blessure dans l'activité des joueurs professionnels : « *les atteintes à l'intégrité physique jalonnent le quotidien de ces travailleurs sportifs* »[2]. Ces atteintes peuvent être à l'origine d'une inaptitude professionnelle. Il parait alors nécessaire de faire profiter à ce type de salarié du régime protecteur du droit du travail, bien que l'ajustement des textes aux réalités du monde sportif ne soit pas aisé[3].

L'inaptitude professionnelle est l'incapacité du salarié à exercer son activité professionnelle au sein de son entreprise sans mettre en danger sa santé[4]. Au sens du Code du travail français[5], l'inaptitude au poste de travail se définit comme l'incompatibilité entre l'état de santé

1 Le législateur considère comme professionnel tout sportif sous contrat de travail avec le club professionnel employeur. Conformément à l'article 12.3.1.1 de la Convention Collective Nationale de sport française (CCNS), « *le sportif professionnel mettra à disposition de son employeur, contre rémunération, ses compétences, son potentiel physique et ses acquis techniques, le temps de préparer et de réaliser une performance sportive dans le cadre d'une compétition ou d'un spectacle sportif de façon régulière ou occasionnelle, ainsi que, accessoirement, les activités de représentation qui en découlent* ».

2 In « Le corps en jeu : les conditions sociales de l'arrêt de travail des footballeurs professionnels », *Sociologie du travail* 2012, n°54, p. 338.

3 Comme le rappelle à ce titre Jacques BARTHELEMY, le droit du travail est initialement un droit créé pour protéger l'ouvrier dans le cadre des organisations tayloriennes du travail. Par conséquent, l'application de ce droit au domaine du sport et à ses caractéristiques spécifiques, pose plusieurs difficultés pratiques. V. J. BARTHELEMY, « Nature des activités dans le sport et évolution du droit social », *RJES*, n° 92/2009, p. 151.

4 Dictionnaire Larousse

5 L'inaptitude est une cause de suspension du contrat de travail à l'article 38 du Code du travail du Cameroun.

du salarié et son poste de travail. Elle se distingue de l'incapacité et l'invalidité bien que ces deux états entrainent souvent l'inaptitude.

L'incapacité désigne l'impossibilité de travailler ou d'effectuer certaines tâches de votre emploi à la suite d'un accident de travail ou d'une maladie professionnelle. Elle est prescrite par un médecin traitant. Cette incapacité est temporaire, lorsque l'on ne peut plus travailler ou exercer ses fonctions temporairement[6] ; l'incapacité permanente quant à elle est l'impossibilité définitive de travailler ou exercer ses fonctions[7].

L'invalidité est la situation du travailleur qui, par suite de maladie ou d'accident d'origine non professionnelle, a subi une diminution permanente de ses capacités physiques et mentales dûment certifiée par le médecin-conseil de la CNPS, le rendant incapable de gagner plus de tiers de sa rémunération.

Malgré le mutisme du Code du travail sur la question, l'inaptitude du travailleur est régie par les conventions collectives nationales existantes et par les législations de droit social au Cameroun[8]. L'inaptitude du sportif peut être d'origine professionnelle ou non. Elle est d'origine professionnelle lorsqu'elle résulte d'un accident de travail[9] ou d'une maladie professionnelle. Elle est dans ce cas la conséquence d'un risque professionnel[10]. L'inaptitude est d'origine non professionnelle lorsqu'elle

---

6 Elle peut être temporaire totale ou temporaire partielle. V. lexique des termes juridiques, 13e édition, Dalloz 2001, p. 298.

7 Elle peut être partielle ou totale, lexique des termes juridiques, ibid.

8 Notamment la loi n° 77-11 du 13 juillet 1977 portant réparation et prévention des accidents du travail et des maladies professionnelles modifié par la loi n° 80-05 du 14 juillet 1980, dans le décret n°78-547 du 28 décembre 1978 fixant les modalités de prise en charge des prestations en nature aux victimes d'accidents du travail ou de maladies professionnelles, le décret n° 78-546 du 28 décembre 1978 fixant les modalités de déclaration de la procédure d'enquête en matière d'accident de travail ou de maladie professionnelles ; la loi de 2010 sur la promotion des handicapés.

9L'article 2 al.1 de la loi n° 77-11 du 13 juillet 1977 portant réparation et prévention des accidents du travail et des maladies professionnelles modifié par la loi n° 80-05 du 14 juillet 1980 considère comme accident de travail, quelle qu'en soit la cause, l'accident survenu à tout travailleur tel que défini à l'article 1 al. 2 du Code du Travail, a) par le fait ou à l'occasion du travail ;b) pendant le trajet d'aller et retour entre : sa résidence principale ou une résidence secondaire présentant un certain caractère de stabilité et son lieu de service ; le lieu de travail et le restaurant, la cantine ou, d'une manière générale, le lieu où il prend habituellement ses repas ; c) pendant les voyages dont les frais sont mis à la charge de l'employeur en application du code du travail

10 La distinction des notions « d'accidents du travail », « accident de trajet » et « maladie professionnelle » a fait l'objet de critiques doctrinales et de propositions d'unification en une seule catégorie dénommée « risques professionnels » : PH. COURSIER et S. LEPLAIDEUR, « Risques professionnels : entre catégorisation et définition », JCP S 2008, n°47, 1591.

résulte d'une maladie ou d'un accident n'ayant aucun lien avec la profession. L'accident de travail doit être caractérisé par l'existence d'un dommage corporel[11]. Quelle que soit son origine, l'inaptitude est constatée uniquement par le médecin de travail, lorsqu'aucune mesure d'aménagement ou d'adaptation du poste de travail actuel n'est possible. Ce constat se fait suivant une procédure[12].

L'inaptitude du sportif est ainsi déclarée lorsque le médecin de travail a constaté qu'aucune mesure d'aménagement, d'adaptation ou de transformation du poste occupé n'est possible et que l'état de santé de la victime justifie un changement de poste. Le constat peut aboutir soit à l'inaptitude totale du sportif salarié qui l'oblige à quitter son poste soit pour un autre poste dans l'entreprise, soit de manière définitive, si l'employeur ne peut le reclasser ; soit à l'inaptitude partielle : le salarié est partiellement apte et nécessite un aménagement au poste[13]. Ce dernier est en droit de bénéficier des conséquences prévues pour son accompagnement et son reclassement dans l'entreprise.

L'objet de cette étude n'est pas tant de questionner le fossé entre les lois du droit du travail et la pratique dans le contexte sportif que de contribuer à l'appropriation des règles de droit du travail en matière d'inaptitude du sportif, même de manière conventionnelle par le droit

---

[11] « *Il ne peut y avoir accident du travail susceptible d'indemnisation que dans la mesure où la victime a été atteinte dans son intégrité physique* » X. PRETOT, *Les grands arrêts du droit de la Sécurité sociale,* p. 383, cité par X. AUMERAN, *La protection sociale du sportif salarié,* LGDJ 2017, n°276, p.125

[12] Conformément à l'Article 17 in fine de la loi n° 77-11 du 13 juillet 1977 portant réparation et prévention des accidents du travail et des maladies professionnelles modifié par la loi n° 80-05 du 14 juillet 1980, la victime d'un accident du travail ou de trajet doit immédiatement, sauf cas de force majeure, en informer l'employeur ou l'un de ses préposés. L'employeur est tenu de déclarer dans un délai de trois jours ouvrables tout accident du travail survenu ou toute maladie professionnelle constatée dans l'entreprise, au centre de Prévoyance sociale et à l'inspection du travail. Ce délai court du jour de l'accident ou du jour de la constatation du caractère professionnel de la maladie ou encore du jour où l'employeur a eu connaissance de l'accident ou de la maladie. En cas de carence de l'employeur à la déclaration visée, elle peut être faite par la victime ou ses ayants droit dans un délai de trois ans. Si la victime n'a pas repris son travail dans les trois jours de l'accident, l'employeur doit en outre faire établir un certificat médical. En ce qui concerne les maladies professionnelles, la date de la première constatation médicale de la maladie sera assimilée à la date de l'accident.

[13] V. la Loi n° 77-11 du 13 juillet 1977 portant réparation et prévention des accidents du travail et des maladies Professionnelles art. 16.- Au terme de la présente loi: 1. L'incapacité temporaire est l'inaptitude au travail qui s'étend du jour suivant l'accident au jour de la consolidation ou de la guérison ou de la date de reprise de service. 2. L'incapacité permanente est la réduction de la capacité du travail qui subsiste après de la consolidation. Elle peut être partielle ou totale.

du sport. L'on s'interroge alors sur l'adaptation du traitement juridique de l'inaptitude du salarié à la réalité sportive[14]. Concrètement la spécificité sportive semble être un bémol au traitement de l'inaptitude du sportif salarié par le droit social.

Partant de l'exégèse, la comparaison et de la casuistique nous démontrerons tour à tour que la difficile exécution de l'obligation de reclassement en cas d'inaptitude physique du sportif (I) et l'accompagnement lacunaire du sportif salarié inapte (II), constituent des alertes pour un encadrement spécial de l'inaptitude du sportif professionnel.

I. La difficile exécution de l'obligation de reclassement du sportif salarié en cas d'inaptitude

S'il est évident de constater l'inaptitude d'un salarié dans le contexte sportif, les spécificités sportives imposent certaines entraves à la prise en charge de l'inaptitude qu'il semble important de relever pour une perspective d'appropriation des règles du droit social par le monde du sport.

C'est l'avis d'inaptitude qui oriente l'employeur, le club sportif sur la possibilité de reclasser ou non le sportif, que son inaptitude soit d'origine professionnelle ou non. L'on fait face généralement à la difficile exécution de l'obligation de reclassement en cas d'inaptitude physique (A). Pour résoudre cette difficulté, l'on constate malheureusement une tendance à la rupture anticipée et abusive du contrat à durée déterminée (B) du sportif par les dirigeants des clubs.

A. La difficile application des règles du reclassement en matière d'inaptitude physique du sportif salarié

Reclasser une personne dans le langage commun consiste à l'affecter à une nouvelle activité. Le droit au reclassement du sportif salarié inapte relève de l'obligation qu'a l'employeur de donner à chaque travailleur, un emploi correspondant à ses forces, à son état de santé. Mais dans le contexte sportif, il n'est pas aisé de proposer un emploi approprié (1), et encore moins de préserver les revenus précédents du sportif salarié (2).

---

14 Le Droit social est un terme qui regroupe l'ensemble des règles qui régissent les relations individuelles et collectives de travail : droit du travail, droit de la sécurité sociale et de la mutualité et droit de l'action sociale de l'Etat.

1) La difficulté à proposer un emploi approprié aux capacités du sportif inapte

L'obligation de reclassement en droit du travail *« tend au maintien en activité d'un salarié alors même que des évènements intervenus dans la vie de l'entreprise ou dans la vie du salarié ont entrainé des modifications amenant à reconsidérer l'emploi qu'il occupait jusqu'à lors, par rapport à ses aptitudes physiques et / ou professionnelles »*[15].

Malgré le mutisme du Code du travail sur la question, l'obligation patronale de reclassement est consacrée par les conventions collectives nationales existantes et par les législations de droit social en vigueur au Cameroun. Elle apparait notamment dans le décret n°78-547 du 28 décembre 1978 fixant les modalités de prise en charge des prestations en nature aux victimes d'accidents du travail ou de maladies professionnelles.

L'idée qui ressort de ces différents textes est que lorsque le travailleur subit une réduction de ses capacités à titre définitif, à la suite d'un accident ou d'une maladie d'origine professionnelle ou non professionnelle, l'employeur lui propose un emploi de même catégorie. A défaut, un emploi qui peut relever d'une catégorie inférieure, mais qui correspond à sa capacité constatée par un certificat médical de reprise de travail[16]. L'on s'interroge alors sur la possibilité d'offrir au sportif inapte un emploi aussi comparable que possible à l'emploi précédemment occupé, dans un contexte où la performance physique est le critère d'employabilité[17].

En effet, l'adaptation de ces dispositions à un domaine où la performance professionnelle est essentiellement physique comme le sport est complexe. Il peut sembler délicat de demander à un employeur de rechercher les possibilités dans un emploi de même catégorie ; c'est à dire aussi comparable que possible à l'emploi précédemment occupé par un sportif. Les hypothèses d'adaptation, d'aménagement ne changent rien à l'affaire, le sportif demeure contraint de fournir une certaine performance physique et à respecter les lois du jeu quand bien même il

---

15 V. B. LAROY- PELISSIER, « l'obligation de reclassement », *Recueil de Dalloz* 1998, p. 399.

16 V. les articles 24 de la convention collective nationale de la manutention portuaire et 23 de la convention collective nationale des entreprises de transport routier et urbain ; article 41 de la convention nationale des télécommunications et activités connexes au Cameroun.

17 Dans ce sens l'article L.1226-2 al.3 du code du travail français dispose que L'emploi doit être aussi comparable que possible à l'emploi précédemment occupé, au besoin par la mise en œuvre de mesures telles que mutations ; transformations au poste de travail ou aménagement du temps de travail

y aurait mutation de poste sur le terrain. Il se pose alors ici le problème d'évaluer la marge de manœuvre de l'employeur, face à un salarié en contrat à durée déterminée (CDD) devenu physiquement inapte, en cas d'inaptitude médicalement constatée, d'exécuter de bonne foi son obligation de reclassement. En matière sportive, il ne reste qu'une seule possibilité pour l'employeur qui consiste à proposer au joueur une modification de son contrat de travail.

Dans le cadre de cette suggestion de modification, l'employeur doit proposer tout emploi devenu disponible, y compris les emplois de catégorie inférieure à l'emploi actuellement occupé. Le refus du sportif salarié ne constitue pas une faute de sa part. (Voir jurisprudence française) loin de se limiter à l'entreprise dans laquelle évolue le sportif inapte, la recherche d'un emploi à ce dernier doit s'effectuer éventuellement au sein du groupe auquel l'entreprise appartient. Appliquée au monde du sport professionnel, cette modification entrainera certainement la perte d'une part importante de son salaire, quand on sait l'écart existant entre les salaires proposés par les sociétés commerciales ordinaires et celles à objet sportif. En outre, il n'est pas rare de trouver des sportifs professionnels sous scolarisés, sans autres formations que leur sport. Cette modification pourra impliquer une formation du sportif au métier du sport pour sa réinsertion dans le club, afin de lui permettre dans le meilleur des cas de préserver le niveau de ses revenus antérieurs.

2) La préservation des revenus précédents du sportif

La formulation des conventions collectives visant à assurer la préservation du niveau de revenus antérieur du sportif devenu inapte est difficilement opérationnelle dans un monde où les salaires sont souvent très élevés. Elle peut prospérer dans le contexte camerounais où, les clubs sont financièrement diminués, et les salaires des joueurs minables. Le joueur inapte qui aspire à mieux peut refuser l'emploi proposé.

Tout compte fait, l'offre de modification tendant à diminuer les fonctions et la rémunération ne constitue aucunement une faute pour l'employeur dans l'exécution de son obligation de reclassement, il revient aux acteurs sportifs d'organiser le régime du reclassement en tenant compte de leurs spécificités. Toutefois, la réalité des faits tend généralement à dispenser l'employeur de l'obligation de rechercher le reclassement, et à privilégier la rupture anticipée du contrat de travail.

B. La tendance à la rupture anticipée et abusive du contrat de travail du sportif inapte

Les difficultés de reclassement conduisent généralement à son échec et le club employeur peut bénéficier d'une dispense de reclassement s'il justifie d'un motif légitime. Cependant, l'inobservation des modalités de la rupture rend cette dernière abusive. Notamment la violation volontaire par l'employeur de la procédure de rupture du contrat ou son exécution déloyale.

La procédure de reclassement n'est pas clairement structurée en droit camerounais, par contre en droit français elle est élaborée dans le code de travail et connait une évolution avec les ordonnances Macron[18] . Il en ressort qu'en cas d'impossibilité de reclassement, l'employeur notifie par écrit les motifs s'opposant au reclassement. Ça peut être son impossibilité de proposer un autre emploi au sportif salarié, le refus par le salarié des propositions de reclassement faites par l'employeur telles que préconisées par le médecin du travail ou enfin si le médecin du travail a fait mention dans son avis que tout maintien du salarié dans l'emploi serait gravement préjudiciable à sa santé ou que l'état de santé du salarié fait obstacle à tout reclassement dans l'emploi (voir article 42). Le contrat est rompu suite à cette notification[19]. La rupture sera qualifiée d'anticipée pour inaptitude si c'est un CDD et face à un CDI, elle prendra la forme d'un licenciement pour inaptitude et impossibilité de reclassement[20]. L'une des particularités du contrat de travail sportif réside en son caractère majoritairement saisonnier et par conséquent à durée déterminée. L'on fait donc généralement face à une rupture anticipée pour inaptitude[21]. Cette rupture donne droit à une indemnisation.

---

[18]L'ordonnance n° 2017-1387 du 22 septembre 2017 relative à la prévisibilité et la sécurisation des relations de travail, son décret d'application du 15 décembre 2017, puis la loi de ratification du 29 mars 2018 de la simplification du droit de l'inaptitude.

[19] Ces motifs de rupture pourraient également trouver un fondement à l'article 42 al. 2 (a) du Code du Travail d'après lequel : « *le contrat de travail peut, en cours d'exécution, faire l'objet d'une modification à l'initiative de l'une ou l'autre partie* ».

a) Si la proposition de de modification émanant de l'employeur et qu'elle est refusée par le travailleur, la rupture du contrat de travail pouvant en résulter est imputable à l'employeur. Elle n'est abusive que si la modification proposée n'est pas justifiée par l'intérêt de l'entreprise ».

[20] V. C. DIEZ et A. BISSON, « L'inaptitude et le monde du sport : tous concernés », *Droit social, jurisport* 193-Janvier-2019, p.40.

[21] Cette cause de rupture n'existe pas dans le code de travail ; par application de l'article 38, le CDD ne peut cesser avant son terme qu'en cas de faute lourde du travailleur, de force majeure ou d'accord partie constaté par écrit.

Il est courant pour les clubs de déroger volontairement à cette procédure ou de s'abstenir de procéder au reclassement en refusant de suggérer les postes disponibles. Ce qui caractérise l'abus de la rupture, les exposant, à des sanctions[22]. C'est dans cette logique que la Cour d'appel de Lyon dans un arrêt du 15 juin 2018[23] a sanctionné le club employeur qui n'avait aucun motif légitime pour son manquement à la consultation des délégués du personnel sur la question de l'impossibilité de reclassement de son salarié, suite à son inaptitude ; et sur l'idée subséquente de rupture anticipée de son contrat de travail. Cela étant, cette rupture injustifiée de son contrat de travail donnait droit au joueur de réclamer une indemnisation du préjudice conséquent à son employeur pour un montant qui ne pouvait être inférieur au total des salaires et avantages qu'il aurait perçus s'il avait continué à travailler jusqu'au terme de son contrat.

La rupture peut également être abusive lorsque le motif de non-reclassement parait déloyal. C'est par exemple lorsque la rémunération convenant aux postes de reclassement proposés est inférieure au SMIC. Dans cette affaire[24], un joueur victime d'inaptitude à tous les postes, alors qu'il gagnait 1400 euros par mois outre diverses primes ; n'était plus apte qu'aux postes ne nécessitant pas d'effort physique intense. Deux postes lui ont été proposés par l'employeur à savoir un poste de secrétaire administratif et un autre d'éducateur de football au prix de 1200 euros pour 35 heures de travail. Le salarié ayant refusé les offres pour modicité du salaire proposé, l'employeur a procédé à la rupture de son contrat de travail. Le salarié était donc fondé à contester la rupture de son contrat de travail au motif que la rémunération pour les deux postes de reclassement au sein du club était inférieure au SMIC, l'employeur n'avait pas fait preuve de loyauté dans l'exécution de son obligation de reclassement.

Les clubs ont donc l'obligation de respecter rigoureusement tant la procédure de reclassement que la loyauté propositions faite, faute de quoi la rupture sera abusive. Il est important de noter qu'à l'indemnisation due par l'employeur en cas de non-respect de la procédure de reclassement peuvent s'ajouter l'allocation au salarié des dommages et intérêts pour la perte de chance d'accomplir une carrière normale.

La rupture anticipée des contrats à durée déterminée en cas d'inaptitude au travail du salarié, non consacrée par le Code du travail

---

[22] V. article 42 (2) (a) op.cit.

[23] Lyon 15 juin 2018, n°16/07599.

[24] Soc, 5décembre 2012, n°11-21. 849.

est désormais régie en droit français par la loi du 17 mai 2011 de simplification et d'amélioration de la qualité du droit. Elle permet désormais à l'employeur de rompre le contrat à durée déterminée pour inaptitude médicale. La procédure à suivre dans ce cas est celle d'une rupture anticipée du CDD, mais avec les obligations afférentes au licenciement pour inaptitude dans le cadre d'un CDI. En introduisant cette possibilité nouvelle en droit du sport camerounais, dans les textes spéciaux régissant le travail du sportif professionnel, elle ravira certainement les sociétés sportives. Ces dernières étaient handicapées par l'inaptitude médicale de certains joueurs qu'il convenait de maintenir dans l'entreprise jusqu'au terme du contrat en cas d'impossibilité de reclassement et même d'accompagnement.

II. L'application lacunaire des mesures d'accompagnement du sportif salarié inapte

La protection sociale de l'athlète salarié est d'une importance capitale, compte tenu du risque élevé des blessures, de la précocité même de l'âge de la retraite. Les sports professionnels qui offrent des contrats formels à leurs joueurs ont tendance à prévoir pour ceux-ci des prestations pour soins médicaux, maladies et accidents[25]. À défaut de règlementation particulière en droit camerounais, ces mesures d'accompagnement du sportif inapte sont prévues par la loi n° 77-11 du 13 juillet 1977 portant réparation et prévention des accidents du travail et des maladies professionnelles modifiée par la loi n° 80-05 du 14 juillet 1980 et le **décret n°78-547 du 28 décembre 1978 fixant les modalités de prise en charge des prestations en nature aux victimes d'accidents du travail ou de maladies professionnelles.** Il s'agit précisément des indemnités réparatrices et des mesures d'accompagnement à la réinsertion. Force est cependant de constater que l'application ces mesures connait des lacunes en milieu sportif. Non seulement l'indemnisation est irrégulière (A), mais aussi une prise en charge inexistante de la reconversion professionnelle du sportif déclaré inapte (B).

---

[25] B. KELLER, « The régulation of professional football at the European Union level : towards supranational employment relation in the football industry ? », dans M. BARRY e al, 2016.

A. La prise en charge indemnitaire irrégulière du sportif déclaré inapte

Un athlète inapte est avant tout un malade soit accidenté soit victime d'une maladie professionnelle ou non. En principe tout club employeur a l'obligation de fournir une assurance sociale à ses athlètes salariés et même une assurance responsabilité afin de pouvoir prendre en charge le sportif victime d'une maladie professionnelle ou non, ou d'un accident de travail ou non, avant toute consolidation et déclaration d'inaptitude. Ce qui est rare dans la pratique. L'on observe une non-assurance généralisée des sportifs (1), qui entraine une prise en charge déficiente des risques professionnels (2).

1) La violation de l'obligation d'assurance des sportifs salariés

Le sport est une activité à risque, le législateur a rendu la souscription de contrats d'assurance obligatoire par les employeurs sportifs, permettant de couvrir ces risques, notamment l'assurance sociale et l'assurance de responsabilité civile. L'assurance joue un rôle capital dans la prise en charge indemnitaire des sportifs lorsqu'on connait l'état des trésoreries de nos clubs.

Sur le plan de la sécurité sociale, c'est la CNPS qui fournit les prestations indemnitaires aux victimes d'accidents de travail ou de maladies professionnelles. Pour les maladies non professionnelles, c'est l'employeur lui-même qui s'en charge. Raison pour laquelle ce dernier doit affilier ses joueurs à une double assurance sécurité sociale et de responsabilité civile pour y faire face

Le sportif professionnel doit être affilié au régime général de la sécurité social en application de l'article 7nouveau de la loi n°80-05 du 14 juillet 1980 portant réparation et prévention des accidents du travail et des maladies professionnelles selon lequel, tout employeur à l'exception de l'État utilisant les services des personnes visées à l'article 1er du Code du travail est tenu de les affilier à la CNPS. En principe c'est la caisse nationale de prévoyance sociale (CNPS)[26]qui fournit les prestations indemnitaires garanties aux victimes d'accidents de travail et de maladies professionnelles. Le taux des cotisations sociales dues à la CNPS au titre des accidents de travail et des maladies professionnelles sont fixées en fonction du groupe de risques à savoir de 1, 75 % du

---

26 La Caisse nationale de prévoyance sociale créée par la loi n° 67/LF/8 du 12 juin 1967 est un établissement public administratif doté de la personnalité juridique et jouissant d'une autonomie financière. Elle a pour mission d'assurer la mise en œuvre de la politique de la sécurité sociale définie par l'Etat.

salaire pour le groupe A, groupe à risque faible dans lequel sont classés les groupements sportifs[27]. Cette affiliation demeure une bataille dans la pratique, elle est quasiment inexistante. Dans le cas du football par exemple, le sport professionnel collectif le mieux organisé, c'est d'ailleurs l'une des batailles du syndicat national des footballeurs camerounais (SYNAFOC).

S'agissant de l'assurance de responsabilité civile, les associations, les clubs sportifs et les fédérations ont l'obligation de souscrire pour l'exercice de leur activité à risque, des garanties d'assurance, celle de leurs préposés salariés ou bénévoles, celle des pratiquants du sport, les pratiquants sont considérés comme les tiers entre eux.

En droit français par exemple, le titre 2 du livre III du Code du sport à l'article L 321 soumet à une obligation d'assurance responsabilité civile, les associations sportives, les sociétés sportives et les fédérations sportives, dont l'objet est de garantir leur responsabilité en de cas de dommages survenus lors des activités sportives et associatives qu'ils organisent. Malheureusement, cette obligation n'a pas été prévue par la loi camerounaise de 2018 relative à l'organisation et à la promotion des activités physiques et sportives. L'on devra recourir au Code CIMA en matière d'assurance responsabilité civile des clubs et même d'assurance individuelle des joueurs par leurs employeurs.

Cette obligation d'assurance des sportifs ressort toutefois subrepticement dans une convention entre la FECAFOOT et la CNPS ; cela étant, dans le cahier de charges de la ligue professionnelle de football du Cameroun par exemple, chaque club est supposé avoir assuré ses joueurs.

Une consécration de l'obligation pour les fédérations sportives, les clubs sportifs et les associations sportives, de souscrire au profit des sportifs de haut niveau et des professionnels, une assurance couvrant leurs dommages corporels serait salutaire. Cette consécration pourrait se faire dans la loi régissant les activités physiques et sportives au Cameroun ou même par l'adoption d'une convention collective nationale en matière sportive, pour une meilleure garantie des réparations des dommages corporels.

---

[27] V. Article 8 (1) du décret n°2016/072 du 15 février 2016 fixant les taux de cotisations sociales et plafonds des rémunérations applicables dans les branches des prestations familiales, d'assurances-pensions de vieillesse, d'invalidité et de décès, des accidents de travail et des maladies professionnelles gérés par la CNPS.

2) Une indemnisation déficiente des risques professionnels

L'enjeu de l'obligation d'assurance est de garantir au mieux l'exécution des prestations servies aux victimes d'accidents ou de maladies qu'elles soient professionnelles ou non. En principe, tout employeur doit prendre en charge ses travailleurs dans le cadre des maladies professionnelles ou les accidents de travail [28]conformément à l'article 18 de la loi n° 77-11 du 13 juillet 1977 portant réparation et prévention des accidents du travail et des maladies professionnelles modifiées par la loi n° 80-05 du 14 juillet 1980. Cette prise en charge peut prendre plusieurs formes : des prestations en espèces et en nature dès le premier jour d'arrêt sans condition de la période de travail ainsi, le sportif salarié, victime d'un accident de travail ayant entrainé son inaptitude professionnelle, a droit non seulement de la gratuité des soins mais aussi au versement d' indemnités compensant les pertes totales ou partielles de salaires notamment une indemnité journalière d'interruption temporaire de travail[29], c'est une somme d'argent payée à la victime pendant toute la période d'arrêt de travail suite à la maladie professionnelle ou à l'accident du travail. Son montant journalier correspond aux deux tiers du salaire journalier du sportif, calculés sur la base de la moyenne des trois derniers salaires perçus par la victime avant l'incapacité. Relevons également que pendant cette période de suspension, le sportif a l'obligation de s'abstenir de toute activité non autorisée[30].

Si au terme de la période d'incapacité provisoire, le sportif une incapacité diminuant sa capacité de travail, il bénéficiera du versement d'une rente selon l'importance de l'incapacité. Il aura droit soit à la rente d'incapacité permanente totale : c'est une somme d'argent versée périodiquement à la victime d'accident de travail ayant une incapacité

---

[28] Trois risques distincts sont protégés par ce régime à savoir l'accident de travail proprement dit, l'accident de trajet et les maladies professionnelles. Les maladies professionnelles ne touchent pas particulièrement les sportifs. Il en est de même pour les accidents de trajet. Les accidents qui pourraient survenir lors de leurs fréquents déplacements seront le plus considérés comme des accidents du travail proprement dit dans la mesure où ils sont organisés par le club. En revanche, les sportifs professionnels sont victimes des accidents du travail *stricto sensu* car leur activité est souvent source de traumatisme et de lésions physiques. V. F. BUY, F. RIZZO et al., Droit du sport, 3e éd. L.G.D.J 2012, n° 587 p.327.

[29] Article 18 al.1.

[30] Le fait de participer à une compétition sportive pendant un arrêt de travail constitue un manquement à cette obligation, dès lors que le sportif concerné n'a pas été expressément autorisé par son médecin à pratiquer une telle activité. Civ .2e , 9déc. 2010, n° 09-16, p.140.

totale (100%). Son montant est égal à 85% de la rémunération mensuelle moyenne de la victime. Soit à la rente d'incapacité permanente partielle pour un taux d'incapacité inférieur à 100% et supérieur à 20%; l'allocation d'incapacité permanente partielle pour un taux d'incapacité inférieur à 20%. Ces prestations ne sont pas exclusives des prestations en nature.

A titre de prestation en nature[31], le sportif salarié inapte bénéficie d'une prise en charge ou du remboursement des dépenses occasionnées pour le traitement[32], des frais de rééducation fonctionnelle, de réadaptation ou de reconversion professionnelle, des frais d'évacuation sanitaire en cas de nécessité.

Selon les conventions collectives de travail adoptées au Cameroun, ces prestations s'étendent aux maladies et accidents non professionnels.

Il convient de noter dans la pratique que cette prise en charge médicale totale en cas d'accidents, est insuffisante dans la plupart des cas, lorsqu'elle existe. Les joueurs sont généralement laissés à leur propre sort en cas d'accident dans un stade, un gymnase, sur les divers lieux d'entrainement ou de compétition ; ou ne bénéficie que des prestations minables et incomplètes. Cette situation est favorisée en amont par le défaut d'assurance des joueurs. En matière de football par exemple, les clubs employeurs sont interpelés dans plusieurs affaires de prise en charge des joueurs de football, notamment : le cas de l'UMS de Loum, interpelé par le syndicat national des footballeurs camerounais (SYNAFOC) en vue du paiement des frais de soins et d'hospitalisation du joueur Serge MFAMBOVE NGUEWO[33]. L'on note également la fameuse affaire EOCK contre union sport de Douala encore pendante au CNOSC[34].

Les clubs employeurs gagneraient à souscrire les assurances pour pouvoir garantir cette prise en charge. Au-delà de ces insuffisances décriées, des lacunes sont également observées dans le cadre de

---

31 Article 18 al2

32 Il s'agit des frais médicaux, frais chirurgicaux, frais des examens médicaux, frais pharmaceutiques, frais d'hospitalisation, frais de transport, frais de prothèse et d'orthopédie.

33 Serge MFAMBOVE a été victime d'une double fracture de l'avant-bras gauche le 15 décembre 2022, au cours d'un match amical entre le club UMS de Loum et le FC Sawa, club de Division département du Wouri. Dans un premier temps, il a été transporté à l'hôpital Laquintinie de Douala où il a effectué des radios payés par Sawa FC. Il était question qu'il subisse une opération chirurgicale. Mais au regard du coût élevé de l'opération, il a été conduit par les dirigeants de l'UMS de Loum dans un centre spécialisé pour recevoir des massages. Mais il est bloqué dans le centre pour une facture de 316000 F CFA non payé pour ses soins et son hospitalisation.

34 Affaire EOCK

l'accompagnement du sportif pour sa réadaptation et sa réinsertion socioprofessionnelle.

B. Une reconversion professionnelle inexistante

Le terme maintien dans l'emploi du sportif déclaré inapte cache aussi bien le reclassement que les modalités de prévention pouvant permettre à un travailleur de conserver son emploi même en cas de suppression de son poste actuel. Le droit de la sécurité sociale offre au travailleur inapte le moyen de réussir sa reconversion, une fois sa carrière sportive abrégée. Par application de l'article 21 du décret n°78-547 du 28 décembre 1978 fixant les modalités de prise en charge des prestations en nature aux victimes d'accidents du travail ou de maladies professionnelles, le sportif a en principe droit soi à une admission dans un établissement public ou privé de rééducation ou d'enseignement professionnel; soit d'être réintégré après examen psychotechnique et médical préalable dans son entreprise pour y apprendre l'exercice d'une profession de son choix sous réserve de présenter les conditions d'aptitudes requises. L'on s'interroge alors sur l'opérationnalité de cet accompagnement à la reconversion dans le contexte sportif ?

En effet, la question demeure complexe face au critère d'employabilité des sportifs qui est la performance physique ; les parties au contrat de travail sportif sont souvent confrontées aux difficultés matérielles d'accompagnement à la réinsertion des sportifs déclarés inaptes (1). Il parait alors nécessaire d'anticiper la reconversion du sportif professionnelle dans la réglementation des activités sportives (2).

1) Les difficultés matérielles d'application des dispositifs légaux d'aide à la réinsertion

L'exigence de reconversion professionnelle du sportif, à l'issue d'une inaptitude mettant un terme à sa carrière sportive, est reconnue par le législateur dans plusieurs textes[35] qui peinent matériellement à être appliqués par les clubs.

---

[35] L'article 21 du décret n°78-547 du 28 décembre 1978 fixant les modalités de prise en charge des prestations en nature aux victimes d'accidents du travail ou de maladies professionnelles dispose que « Si, à la suite d'un accident du travail ou d'une maladie professionnelle, la victime devient inapte à exercer sa profession ou ne peut la faire qu'après une nouvelle adaptation, elle a le droit, qu'elle ait ou non bénéficié de la rééducation fonctionnelle (…):

- soit d'être admise sous contrôle médical dans un établissement public ou privé de rééducation ou d'enseignement professionnel ;

Toutes ces dispositions ont pour objectif l'aménagement matériel de la transition de la personne inapte vers une nouvelle activité professionnelle compte tenu de l'impossibilité de poursuivre son activité actuelle en raison d'une incompatibilité entre celle-ci et l'état physique et moral de la personne, par la reconversion. Bien que le terme « reconversion » ne soit pas expressément utilisé, il est assimilable aux termes « réinsertion, réadaptation, réintégrer » utilisés par les textes. Cependant, concernant l'activité sportive, cet aménagement matériel par le club employeur peut être obstrué par certaines spécificités du monde sportif.

La principale difficulté d'application de ces dispositions légales par les clubs sportifs tient à la précocité de la carrière et à la certitude de la reconversion professionnelle.

En effet les clubs ont conscience qu'il est non envisageable pour un sportif salarié d'exercer l'activité salariale jusqu'à l'âge donnant droit à la pension vieillesse. La fin de carrière sportive puis la conversion vers une autre activité sont quasi certaines. Cela pousse les employeurs à négliger l'aspect reconversion. Mais alors, si le principe du changement est certain, le moment de son fait générateur est incertain.

En réalité la reconversion issue de la fin de carrière ne pose pas de problème, le sportif change volontairement d'activité. Mais dans l'hypothèse où l'exigence d'une reconversion résulte d'une atteinte à l'intégrité physique ou psychique cause d'inaptitude, ne permettant plus au sportif de continuer à mener son activité, il revient au club employeur de prendre en charge sa reconversion. La plupart des cas, les clubs n'ont pas de dotation financière conséquente pour assumer une réinsertion, ou

---

- soit d'être réintégré après examen psychotechnique et médical préalable dans son entreprise pour y apprendre l'exercice d'une profession de son choix sous réserve de présenter les conditions d'aptitudes requises » ; L'article 175 du Code du Travail est réservé à la formation professionnelle à l'emploi et à l'emploi des personnes handicapées de même que quelques conventions collectives nationales[35] comme la convention collective nationale des journalistes et des professionnels des métiers connexes de la communication article 26 ; La loi de 2010 sur la promotion et protection des handicapés va dans le même sens[35]. Articles 5(1) et 16(1) : *« la réadaptation vise à permettre à la personne handicapée d'atteindre et de préserver un niveau fonctionnel optimal du point de vue physique….intellectuel, psychologique et social et de doter ainsi des moyen d'acquérir une plus grande autonomie ».*

une formation du sportif en cause. En plus de leur défaut d'assurance, les joueurs peuvent juste bénéficier d'une modique indemnisation et laissés à leurs propres sorts. Il parait alors important d'envisager une anticipation de la reconversion dès le jour du recrutement.

2) La nécessité d'anticiper l'accompagnement à la reconversion

Anticiper l'accompagnement du sportif professionnel déclaré inapte revient à anticiper le risque d'inaptitude dans l'entreprise sportive et à prévenir le maintien de la capacité à occuper un emploi[36]. Le risque lié à la reconversion peut alors être défini comme la survenance d'un évènement rendant nécessaire pour le travailleur l'évolution vers une autre activité professionnelle, exigeante une qualification différente[37]. Ce fait générateur de reconversion peut être l'inaptitude du sportif. En effet, la législation du Travail confère à l'employeur un double rôle de promotion de la santé au travail et d'amélioration des conditions de travail. L'anticipation du risque d'inaptitude, par la mise en œuvre des mesures de maintien dans l'emploi des salariés à la santé altérée pour y faire face en font partie. Ce rôle semble pourtant faiblement reconnu dans les milieux professionnels sportifs.

Souvent focalisés sur leurs performances sportives, les athlètes ne tiennent pas toujours compte de leur après- carrière. Or, dans un contexte de risques généralisés d'atteintes à l'intégrité physique dans l'exécution de la prestation de travail, il parait nécessaire pour les acteurs sportifs d'anticiper ce tournant de leur vie professionnelle, que celle-ci soit abrégée par son inaptitude ou non. Cela est possible soit en faisant valoir le droit à la formation professionnelle, soit par l'accumulation d'un capital financier dont le sportif pourra disposer à l'issue de sa carrière pour financer sa réinsertion professionnelle[38].

Le droit à la formation individuelle[39] permet à tout salarié d'accumuler un crédit d'heures de formation, utilisable avec l'accord de son employeur, parallèlement à son emploi. Cette possibilité peut être contextualisée dans les textes régissant l'activité physique et sportive au Cameroun ou à travers une convention collective nationale de sport.

En France par exemple, l'accord collectif du cyclisme professionnel[40] prévoit qu'un coureur acquiert quarante heures de formation par an. Dans le cadre de ce dispositif, ces droits peuvent être utilisés hors des

---

36 V. X. AUMERAN, *La protection sociale du sportif salarié,* n° 986, p.372.

37 X. AUMERAN, op. cit. n° 457.

38 V. J- R. COGNARD, *Contrat de travail dans le sport professionnel,* juris édition, n°521, p. 113 et s.

39 Article L. 6323-1 et s. du C de Travail français

40 Article 45 et s.

périodes d'entrainement et de compétition ou à l'issue du contrat de travail dans la limite de 240 heures, soit six années de contrat. Le financement du dispositif est mutualisé entre les différents groupes cyclistes concernés par son application. Ce droit est néanmoins soumis à d'autres conditions supplémentaires notamment, la preuve par le salarié d'une ancienneté de travail préalable de vingt-quatre mois consécutifs.

Le club employeur peut ainsi prendre l'initiative dans les stipulations contractuelles, de proposer à son sportif un dispositif de formation professionnelle par anticipation à sa reconversion, à condition d'exécuter effectivement les engagements pris à ce titre. Cependant, en raison du caractère quasi exclusif de leur activité sportive, les sportifs ont de fait des difficultés à accéder aux formations professionnelles pendant leur carrière. Fort heureusement, ils ont la possibilité de demander l'application de ce droit à a fin de leur carrière. Ils pourront à cet effet faire usage du capital financier accumulé pour financer sa réinsertion.

La mise en œuvre de ces actions préventives en pleine carrière sportive connaît souvent un écueil tenant à leur organisation temporelle[41]. Le sportif est tenu à la fois d'exercer son activité sportive salariée et d'anticiper sa prochaine activité en consacrant du temps à la formation. Cette démarche impliquant une disponibilité physique et mentale est susceptible d'affecter aussi bien la performance sportive immédiate que le suivi de la formation. La prévention de la reconversion d'après les clubs sportifs ne devrait pas impacter sur le rendement du sportif au travail. Et c'est la principale raison de leur réticence à mener de telles actions[42].

Cela étant à l'issue d'une inaptitude professionnelle permanente, le club employeur pourrait exploiter ce droit à la formation pour admettre le sportif dans un établissement de rééducation ou d'enseignement professionnel. Ou pour le réintégrer dans son club, afin d'y apprendre l'exercice d'un autre métier du sport de son choix, ou toute autre profession disponible, ayant déjà accumulé certaines aptitudes lors des formations suivies.

Cette obligation juridique d'accompagnement socioprofessionnel de manière anticipée pourrait être consacrée dans la loi nationale régissant

---

41 J.P. KARAQUILLO, rapport précité, p. 14-15

42 V. X. AUMERAN, op.cit. n° 1018 p. 380

les activités physiques et sportives et de manière plus spécifique dans une convention collective nationale de sport[43].

Conclusion

En somme, l'inaptitude professionnelle du sportif est normativement traitée par le dispositif légal de droit social. La mise en œuvre de ce traitement connait cependant des écueils liés à la spécificité sportive notamment la permanence et l'omniprésence des atteintes à l'intégrité physique, la probabilité du risque d'inaptitude, et la brièveté de la carrière professionnelle.

Elle est également confrontée à la structuration récente du professionnalisme sportif au Cameroun. Les joueurs ont longtemps fonctionné en qualité d'amateurs, sans assurance sociale ni rémunération considérable, surexploités sans prise en charge normale en cas de maladie ou d'accident. Ces manquements persistent. L'on en veut pour preuve l'inexistence de convention collective nationale du sport et la non-réglementation spécifique des obligations des clubs employeurs en matière de prise en charge du sportif inapte du reclassement jusqu'à la reconversion, dans les textes régissant l'activité sportive, en l'occurrence la loi de 2018 régissant les activités physiques et sportives. Pour briser cette cloison entre le droit social et son adaptabilité au travail sportif, une spécialisation est recommandée dans le domaine, pour un droit du travail du sport. Cela permettrait de retracer facilement les irrégularités dans le traitement de l'inaptitude, et d'assurer efficacement la protection aussi bien du sportif professionnel, que de l'employeur en lui évitant des condamnations inutiles. Pour y parvenir, les sportifs gagneraient à former des syndicats et à se mobiliser en vue de l'amélioration de leur condition sociale en cas d'inaptitude.

---

[43] La convention collective est une sorte de contrat collectif de travail conclu entre les travailleurs et le ou les employeurs. Elle est concrètement signée par les représentants des travailleurs et l'employeur.

L'ARBITRAGE DES DIFFÉRENDS DE TRAVAIL EN MILIEU SPORTIF

BOUCHE TCHOUENTEU Clovis
Doctorant en droit privé,
Chercheur au CERDEPS,
Université de Yaoundé II

Résumé

Le règlement des différends de travail en milieu sportif au Cameroun connaît une mutation profonde. Ces litiges sont désormais de plus en plus soumis à l'arbitrage, mode de règlement qui répond le mieux aux spécificités sportives. L'institutionnalisation de la Chambre de Conciliation et d'Arbitrage (CCA) du Comité National Olympique et Sportif du Cameroun (CNOSC), consacrée par la loi n°2018/014 du 11 juillet 2018, marque une étape décisive dans ce processus. Inspirée du modèle du Tribunal Arbitral du Sport (TAS), la CCA se distingue par une organisation spécifique : conciliation obligatoire préalable, délais stricts, mesures conservatoires non susceptibles de recours et arbitrage centré sur l'application du droit, excluant l'amiable composition. L'étude met en évidence les fondements juridiques de cette compétence arbitrale, ancrés à la fois dans le droit interne et dans les normes sportives transnationales. Elle recense également la typologie des conflits individuels de travail ainsi que certains conflits collectifs. Si l'arbitrage sportif offre des atouts indéniables, son efficacité demeure relative. Les contradictions d'origines législatives liées à la coexistence de la clause compromissoire et du compromis d'arbitrage pour un même litige soulèvent une insécurité juridique manifeste. De plus, les difficultés pratiques d'exécution des sentences arbitrales fragilisent encore la portée réelle de cette justice spécialisée. Ainsi, l'arbitrage en matière de travail sportif apparaît au Cameroun comme un mode de règlement privilégié, mais encore perfectible, appelant à un renforcement de son articulation avec le droit commun et à une consolidation des mécanismes d'exécution.

Mots clés : *arbitrage, différend, travail, CCA, exéquatur*

Abstract

The resolution of employment disputes in the sports sector in Cameroon is undergoing a profound change. These disputes are now increasingly subject to arbitration, a method of resolution that best meets the specificities of sport. The institutionalization of the Conciliation and Arbitration Chamber (CAC) of the National Olympic and Sports Committee of Cameroon (CNOSC), enshrined in Law No. 2018/014 of July 11, 2018, marks a decisive step in this process. Inspired by the model of the Court of Arbitration for Sport (CAS), the CCA is distinguished by a specific organization: mandatory prior conciliation, strict deadlines, non-appealable interim measures, and arbitration focused on the application of the law, excluding amicable composition. The study highlights the legal foundations of this arbitral jurisdiction, anchored both in domestic law and in transnational sports standards. It also identifies the typology of individual employment disputes as well as certain collective disputes. If sports arbitration offers undeniable advantages, its effectiveness remains relative. The contradictions of legislative origin linked to the coexistence of the arbitration clause and the arbitration agreement for the same dispute raise obvious legal uncertainty. In addition, the practical difficulties of enforcing arbitral awards further weaken the real scope of this specialized justice. Thus, arbitration in matters of sports work appears in Cameroon as a preferred method of settlement, but one which can still be improved, calling for a strengthening of its articulation with common law and a consolidation of enforcement mechanisms.

Keywords: *arbitration, dispute, labour, CAC, exequatur.*

Introduction

Le sport moderne ne se limite plus à une simple activité de loisir ou de performance physique. Il constitue aujourd'hui un véritable secteur économique et social, générateur d'intérêts financiers considérables et de relations juridiques complexes. Dans ce contexte, les différends de travail en milieu sportif se sont multipliés, suscitant des interrogations sur la voie juridictionnelle la plus adéquate pour leur règlement. Traditionnellement, ces litiges relèvent du juge étatique du travail, en vertu des dispositions du Code du travail camerounais[1]. Cependant, l'exigence de célérité, de confidentialité et de technicité, propre au mouvement sportif, a favorisé l'essor des modes alternatifs de règlement des conflits (MARC), au premier rang desquels l'arbitrage. En effet, l'hypothèse d'une certaine jalousie qu'entretiendraient les juges étatiques à l'égard de l'arbitrage est désormais une pure illusion, car, aujourd'hui, l'arbitrage fait l'objet d'une faveur de principe rendant d'incomparables services, principalement dans le commerce international, ou cette forme de justice est encouragée[2]. Portées par un courant de faveur et venté par l'enthousiasme de ses nouveaux convertis,[3] les vertus qui lui sont portées ne manquent pas d'attraits[4]. Doté d'une grande force de séduction envers les litigants, l'arbitrage se présente de plus en plus comme l'un des modes amiables de résolution des différends les plus connus et les plus utilisés dans plusieurs milieux d'activités. Le milieu sportif ne résiste donc pas à cette séduction de l'arbitrage. Il n'est plus un phénomène marginal. Parti d'un mode alternatif de règlement des litiges en droit commun, l'arbitrage est devenu, en milieu sportif, un mode ordinaire de règlement des différends. Il est devenu une institution parfaitement intégrée aux mœurs des litigants et acceptée comme mode normal de solution des différends sportifs. Son recours est devenu, au fil des temps presque systématiques pour la résolution des différends en matière sportive. En effet, en matière sportive, la stipulation de la convention d'arbitrage est extrêmement fréquente voir obligatoire[5] à tel point qu'il

[1] Loi n°92-007 du 14 août 1992 portant code du travail

[2] J-B. RACINE, *DROIT DE L'ARBITRAGE*, Paris, PUF, 2017, P. 2.

[3] C. JARROSSON, « Les modes alternatifs de règlement des conflits. Présentation générale », *Revue internationale de droit comparé,* Avril-juin 1997. P. 327.

[4] Confidentialité, célérité, adaptabilité, consensualisme, souplesse, rapidité, absence de juridisme inutile et bien d'autre encore

[5] Au terme de l'article 94 alinéa 2 de la Loi N°2018/014/ du 11 juillet 2018 portant organisation et promotion des activités physiques et sportives au Cameroun, le législateur oblige les fédérations sportives à inscrire dans leurs statuts une clause

convient de nos jours de dire que l'arbitrage est devenu le mode de droit commun ; voir le mode normal ou privilégié de résolution des différends sportifs. D'après les propos de Mathieu MAISONNEUVE, l'arbitrage est un mode très satisfaisant de règlement des litiges sportifs[6]. Au Cameroun, il fait l'objet d'une « promotion » marquée par une consécration législative[7] et d'un aménagement réglementaire *sui generis*[8]. Les textes nationaux instituant l'arbitrage de droit commun sont silencieux quant à sa définition institutionnelle. Ce constat est fait par Pierre MAYER lorsqu'il affirme que *« ni l'acte uniforme sur le droit de l'arbitrage ni le règlement d'arbitrage CCJA ne contiennent la moindre définition de l'arbitrage »*[9]. Ce silence a alors conduit la doctrine à proposer plusieurs définitions se rapprochant les unes des autres[10]. S'inspirant de l'acte uniforme OHADA sur le droit de l'arbitrage[11], la doctrine camerounaise propose de définir l'arbitrage comme « *un mode de règlement des différends par lequel les parties conviennent de soumettre leur litige, non pas à un juge étatique, mais à un juge privé appelé arbitre, lui donnant ainsi mandat pour le trancher en disant le droit ou dans le cadre d'une amiable composition* [12] ». De ce qui précède, en

---

compromissoire ou la possibilité de recourir à l'arbitrage en cas de conflits d'ordre sportif.

6 M. MAISONNEUVE, « contentieux arbitral sportif », *Droit du sport*, novembre 2020. P. 4.

7 Article 94 alinéa 2 de la Loi N°2018/014/ du 11 juillet 2018 portant organisation et promotion des activités physiques et sportives au Cameroun

8 Statut et règlement de procédures de la chambre de conciliation et d'arbitrage devant de comité national olympique et sportif du Cameroun.

9 P. MEYER, *OHADA : Droit de l'arbitrage,* Bruxelles, Bruylant, 2001, P.6.

10 R. DAVID, *L'arbitrage dans le commerce international,* P. 9. Cité par Jean-Baptiste Racine, *Droit de l'arbitrage*, PUF, 20016, 1ère édition P. 3. Pour lui, « *« l'arbitrage est une technique visant à faire donner la solution d'une question, intéressant les rapports entre deux ou plusieurs personnes, par une ou plusieurs autres personnes-arbitres ou les arbitres- lesquels tiennent leurs pouvoirs d'une convention privée et statuent sur la base de cette convention sans être investit de cette mission par l'Etat ». Pour* (B) OPPETIT, *Théorie de l'arbitrage*, Paris, PUF, 1998, P.16. L'arbitrage est « *l'institution par laquelle, une tiers règle le différend qui oppose deux ou plusieurs parties, en exerçant la mission juridictionnelle qui lui est confiée par celles-ci* ». Pour (C) JARROSSON, *La notion d'arbitrage*, LGDJ, 1987, P. 372. *« L'arbitrage est l'institution par laquelle un tiers règle le différend qui oppose deux ou plusieurs parties, en exerçant la mission juridictionnelle qui lui a été confiée par celles-ci ».*

11 Article 15 de l'acte uniforme OHADA sur le droit de l'arbitrage qui dispose que : « *les arbitres tranchent le fond du litige conformément aux règles de droit désignées par les parties ou à défaut choisies par eux comme les plus appropriées compte tenu le cas échéant des usages du commerce international. Ils peuvent aussi statuer en amiable compositeur lorsque les parties leur ont conféré ce pouvoir* »

12 R-E. OKOMEN TSAGUE, L-C. AWONO, « Réflexion sur l'arbitrabilité des litiges en matière de communication électronique au Cameroun », *Revue Internationale de Droit et Science Politique*, janvier 2023, P. 31. Cette définition est proposée par ces auteurs après

arbitrage OHADA ; droit commun de l'arbitrage, l'arbitre tranche le litige sur la base du droit ou en amiable composition lorsque les parties en font la demande. Cette conception de l'arbitrage du droit commun n'est pas entièrement transposable en milieu sportif camerounais. En effet, pour le mouvement sportif camerounais, l'arbitrage se définit comme un *« mode alternatif de résolution des différends par lequel les parties renoncent à leur droit de soumettre leur litige à une juridiction étatique et confient à la chambre de conciliation et d'arbitrage le soin de prendre une décision contraignante sur la base du droit pour mettre fin à ce litige »*[13]. De ce qui précède, le règlement de procédure de la Chambre de Conciliation et d'Arbitrage (CCA) du Comité National Olympique et Sportif du Cameroun (CNOSC) donne une autre définition de l'arbitrage qui semble se démarquer de celle de droit commun. À travers la définition proposée par le mouvement sportif, il en ressort que, devant la CCA, l'arbitre tranche le différend en se référant uniquement au droit. L'arbitre statue uniquement en qualité d'arbitre de droit. Il ne lui a pas expressément reconnu la compétence de statuer en amiable compositeur comme cela est le cas en droit OHADA lorsque les parties lui confient ce pouvoir. A cet effet, il convient de rappeler que l'arbitrage de la CCA du CNOSC ne s'est pas totalement aligné sur les traces de l'arbitrage du TAS, car devant celui-ci, l'arbitre peut trancher le litige en se basant sur l'équité lorsque les parties en font la demande[14].

Par différend de travail, il faut voir toute contestation entre deux ou plusieurs personnes provenant d'une divergence d'avis ou d'intérêt[15] à propos de l'exécution d'un contrat de travail entre l'employé et l'employeur.

C'est dans cette dynamique qu'a été instituée, au sein du CNOSC, la CCA, dont la légitimation juridique est intervenue avec la loi n°2018/014 du 11 juillet 2018 régissant l'organisation et la promotion des activités

---

analyse de l'article 15 de l'acte uniforme OHADA relatif au droit de l'arbitrage qui dispose que « *les arbitres tranchent le fond du litige conformément aux règles de droit désignées par les parties ou à défaut choisies par eux comme les plus appropriées compte tenu le cas échéant des usages du commerce international. Ils peuvent aussi statuer en amiable compositeur lorsque les parties leur ont conféré ce pouvoir* ».

[13] Article 17 du statut et règlement de procédure devant la Chambre Nationale de Conciliation et d'Arbitrage (CCA) du Comité National Olympique et Sportif du Cameroun (CNOSC).

[14] Article R. 45 du code de l'arbitrage en matière de sport, entré en vigueur à partir du 1er février 2023

[15] G. CORNU, *VOCABULAIRE JURIDIQUE*, Paris, PUF, 11e édition, janvier 2016, P. 347.

physiques et sportives au Cameroun. Dotée de compétences étendues, la CCA constitue un organe spécialisé appelé à résoudre les conflits relatifs à la pratique sportive, y compris ceux issus des relations de travail entre les acteurs sportifs. Cette institution s'inscrit dans le prolongement de l'expérience internationale, à l'image du Tribunal Arbitral du Sport (TAS) de Lausanne, qui demeure la juridiction arbitrale suprême en la matière. Cependant, l'arbitrage des différends de travail en milieu sportif soulève d'importantes difficultés juridiques et pratiques. Sur le plan normatif, la question de l'articulation entre la compétence de la CCA et celle des juridictions du travail se pose avec acuité, le droit camerounais n'ayant pas toujours établi des frontières claires entre ces deux ordres de juridiction. Sur le plan pratique, l'efficacité des sentences arbitrales reste tributaire de leur exécution, souvent compromise par le refus des parties ou par l'absence de mécanismes contraignants suffisamment robustes. Dès lors, une problématique centrale émerge : l'arbitrage des litiges du mouvement sportif est-il une voie efficace et crédible de règlement des litiges de travail nés dans le milieu sportif ? Pour y répondre, l'analyse portera d'abord sur le cadre juridique et institutionnel de l'arbitrage des différends de travail sportifs par la CCA du CNOSC (I), avant d'évaluer les atouts et limites de ce (II).

I – Le cadre juridique et institutionnel de l'arbitrage des différends de travail en milieu sportif

L'efficacité de l'arbitrage des différends de travail en milieu sportif repose d'abord sur l'analyse de son fondement juridique et institutionnel. En effet, l'arbitrage du mouvement sportif tire sa légitimité d'un cadre normatif précis et d'une compétence arbitrale particulière (A), mais aussi d'une organisation procédurale propre, marquée par une procédure arbitrale adaptée aux différends de travail sportif (B).

A – La compétence arbitrale en matière de litiges de travail nés en milieu sportif

La reconnaissance de la compétence arbitrale en matière de litiges de travail sportifs s'appuie à la fois sur ses fondements juridiques, qui consacrent son aptitude à connaître de tels différends (1), et sur la typologie des conflits concernés, qui délimite concrètement le champ de son intervention (2).

1. Les fondements juridiques de la compétence arbitrale en matière de litiges de travail sportifs

La compétence de l'arbitre pour connaître des différends de travail nés en milieu sportif repose sur un ensemble de textes nationaux et internationaux. Sur le plan interne, la consécration juridique de l'arbitrage résulte de la loi[16] qui érige la CCA en juridiction arbitrale compétente « *en cas de conflits d'ordre sportif* ». Cette disposition législative confère à cette institution arbitrale une légitimité légale, renforçant le statut qu'il détenait déjà en vertu du Règlement de procédure de la CCA, lequel prévoyait antérieurement ses attributions en matière de règlement des litiges sportifs. Sur le plan international, la compétence de la juridiction arbitrale s'inscrit dans la logique de la Charte olympique, qui impose aux Comités nationaux olympiques (CNO) de se doter de mécanismes de règlement amiable et arbitral des conflits sportifs[17]. Elle trouve également un écho dans les Statuts de la FIFA, qui impose aux fédérations membres de régler les litiges sportifs par voie d'arbitrage et non devant les juridictions étatiques[18]. Ces instruments illustrent l'ancrage de l'arbitrage dans un système normatif transnational, qui tend à privilégier l'arbitrage spécialisé pour garantir l'autonomie du mouvement sportif. La doctrine abonde dans le même sens, soulignant que la reconnaissance légale de la juridiction arbitrale en 2018 constitue une avancée décisive dans la consolidation du droit camerounais du sport. Comme l'observe Jean-Michel MARMAYOU, « *la spécialisation des juridictions arbitrales sportives permet d'adapter les solutions aux spécificités du sport, en évitant l'inertie du juge étatique* »[19]. De même, Antoine Duval insiste sur le rôle des juridictions arbitrales nationales dans la « domestication » des

---

[16] Article 94 alinéa 2 de la loi n°2018/014 du 11 juillet 2018 portant organisation et promotion des activités physiques et sportives.

[17] Lettre circulaire du CIO adressée aux Présidents des Comités Nationaux Olympiques, en date du 27 avril 2000. Elle avait pour objet « Révision des Statuts des C.N.O. ». Cette lettre du CIO avait en annexe un document intitulé « Orientations pour la rédaction des statuts des C.N.O. » dont le point 12 avait pour titre « Tribunal Arbitral du Sport (TAS) ». Son contenu était ainsi libellé « Toute décision rendu par (inséré le nom du tribunal disciplinaire ou de l'instance analogue de votre C.N.O., constituant la dernière instance interne) peut être exclusivement soumise par voie d'appel au Tribunal Arbitral du Sport à Lausanne, Suisse qui tranchera définitivement le litige conformément au code de l'arbitrage en matière de sport. Le délai d'appel est de vingt et un jours dès réception de la décision faisant l'objet de l'appel. »

[18] Statuts de la FIFA, art. 59, édition avril 2016.

[19] J.-M. MARMAYOU, *Droit du sport*, LGDJ, 2017, p. 415.

normes sportives internationales, contribuant ainsi à la cohérence du droit transnational du sport[20].

Ainsi, les fondements juridiques de la compétence de la juridiction arbitrale reposent sur un double ancrage : interne, avec la loi de 2018 et le règlement de procédure devant la CCA du CNOSC, et international, par l'influence des normes olympiques et des fédérations internationales de sport. Ce socle confère à l'institution arbitrale une légitimité incontestable, appelant à identifier les litiges de travail concernés par cette compétence arbitrale.

2 – L'identification des litiges de travail sportif soumis à la compétence arbitrale

Les litiges de travail susceptibles d'être portés en arbitrage du mouvement sportif concernent à la fois les conflits individuels et collectifs de travail. Le conflit individuel de travail sportif oppose un seul travailleur du mouvement sportif à son employeur. Ce conflit concerne les relations entre clubs et joueurs, entraîneurs, préparateurs physiques ou encore membres du staff technique, tous liés par des conventions à caractère professionnel. Pour la doctrine, « *le contrat de travail sportif ne peut être appréhendé selon les catégories classiques du droit du travail, en raison de ses exigences de performance et de disponibilité* »[21]. Ces contrats, souvent spécifiques et de courtes durées, sont à l'origine de nombreuses contestations, et peuvent être relatifs au paiement des salaires, à la rupture abusive du contrat ou aux conditions de transfert des sportifs[22].

À propos de la rupture abusive du contrat de travail sportif, pareil litige a déjà fait l'objet d'un arbitrage devant la CCA du CNOSC dans l'affaire *Union sportive de Douala C/. MBAI Junior Rostand*[23]. Dans cette affaire, le demandeur avait saisi la chambre afin que celle-ci infirme la décision de la commission de recours de la FECAFOOT qui avait

---

20 A. Duval, « Lex Sportiva: A Playground for Transnational Law », *European Law Journal*, vol. 19, n°6, 2013, p. 822

21 L. MAZEAUD, « Le contrat de travail sportif : un contrat à part ? », *Revue de droit du travail*, n°3, 2015, p. 151.

22 T. BABIN, *Droit du travail et contrat de travail sportif*, Dalloz, 2019, p. 203.

23 CCA/CNOSC, Arbitrage, Affaire *Union sportive de Douala C/. MBAI Junior Rostand*, 21 mars 2013, in Recueil Thématique des sentences de la Chambre de Conciliation et d'Arbitrage, Tome II, inédit.

prononcé la résiliation du « contrat du joueur professionnel » liant le joueur au Club.

La rupture abusive du contrat de travail sportif a également fait l'objet d'un arbitrage devant la CCA du CNOSC dans l'affaire *EFBC c/. FECAFOOT*[24] dans laquelle le demandeur sollicite entre autres, en arbitrage devant la CCA, « *la résiliation unilatérale de la relation contractuelle liant Aloys FOUDA à l'EFBC, résiliation consécutive à son absence au sein de la structure EFBC depuis mai 2017* ».

Devant le TAS également, de nombreux contentieux soumis en arbitrage concernent les ruptures unilatérales de contrats de travail sportifs. La jurisprudence du TAS fournit des exemples éclairants, comme dans l'affaire *Matuzalem*, où la rupture abusive d'un contrat de joueur a conduit à la condamnation du sportif à de lourdes indemnités[25]. Bien que relevant d'un cadre international, cette jurisprudence inspire directement les juridictions arbitrales nationales telles que la CCA, lesquelles doivent articuler les dispositions du Code du travail camerounais avec les règlements de la FIFA.

Il importe de souligner que la compétence de la juridiction arbitrale en matière de conflits individuels de travail n'est pas limitée aux seuls différends de travail sportif impliquant les joueurs professionnels à leur club employeur. Elle s'étend également aux litiges impliquant des entraîneurs ou sélectionneurs. La CCA du CNOSC a eu à connaitre pareil litige de travail opposant un entraineur à son club employeur. C'est du moins ce qui ressort de l'affaire *l'association Sportive Les Astres Football Club de Douala C/ TOWA Richard*[26] à propos du non-paiement des salaires et primes de match de l'entraineur TOWA Richard par son club employeur. La chambre affirme à effet que « *Attendu qu'en effet, dès lors que TOWA Richard n'était plus payé, il était fondé à arrêter de travailler, sa démission s'assimilant à un licenciement abusif* ». Elle poursuit en affirmant que« *Attendu que lorsqu'on sait que la preuve de paiement incombe à celui qui l'allègue, on se rend*

---

24 CCA/CNOSC, Arbitrage, Affaire n° CCA/2019/007, EFBC c/. FECAFOOT, 18 juin 2019, in Recueil Thématique des sentences de la Chambre de Conciliation et d'Arbitrage, Tome II, inédit.

25 TAS 2008/A/1519-1520, *Matuzalem & Real Saragosse c. FIFA & Shakhtar Donetsk*, 19 mai 2009, Recueil TAS, 2009.

26 CCA/CNOSC, Arbitrage, Affaire n° 002/CCA/SA/18, L'association Sportive Les Astres Football Club De Douala C/ TOWA Richard, 23 septembre 2018, in Recueil Thématique des sentences de la Chambre de Conciliation et d'Arbitrage, Tome II, inédit.

compte que les Astres Football Club de Douala n'ont pas apporté la preuve du paiement des primes réclamées ». D'où le rejet de la demande du Club comme « non fondé » et confirme par conséquent la décision de la CNRL de la FECAFOOT condamnant le club.

Enfin, certains litiges de travail en milieu sportif concernent les conflits collectifs de travail. C'est le cas des conflits entre associations de joueurs et clubs ou entre syndicats des joueurs ou arbitres de jeu et les fédérations sportives. Même si ces cas sont plus rares, ils en existent toutefois. La CCA a eu à connaitre en arbitrage un litige d'ordre sportif impliquant un Syndicat des travailleurs du milieu sportif à une fédération sportive. Ainsi, dans l'affaire *Syndicat National des Footballeurs camerounais c/. FECAFOOT*[27], la CCA a reçu en arbitrage la requête de l'Association des Footballeurs Camerounais (AFC) devenus Syndicat national des footballeurs camerounais (SYNAFOC) qui a pour but la défense des intérêts des travailleurs sportifs.

Ainsi, les types de litiges de travail relevant de l'arbitrage de la CCA du CNOSC ou du TAS témoignent de la diversité et de la complexité du rapport de travail sportif, oscillant entre les normes du droit commun et celles issues de l'ordre juridique sportif transnational. D'où l'intérêt à étudier la procédure arbitrale en milieu sportif.

B – La procédure arbitrale adaptée aux différends de travail sportif

Au-delà de sa compétence matérielle, la CCA du CNOSC se distingue également par une organisation institutionnelle et procédurale spécifique, qui traduit sa vocation à garantir une justice sportive spécialisée. Cette originalité se manifeste d'une part à travers la procédure de conciliation obligatoire qui précède l'arbitrage (1), et d'autre part par la procédure arbitrale elle-même, marquée par des règles adaptées aux exigences de rapidité et d'efficacité du milieu sportif (2).

1- La conciliation obligatoire comme préalable à l'arbitrage des différends de travail sportif

L'arbitrage des litiges devant la CCA du CNOSC est toujours précédé d'une tentative de conciliation obligatoire. En cela, l'arbitrage des différends de travail en milieu sportif se rapproche de la résolution des

---

27 CCA/CNOSC, Arbitrage, Affaire *Syndicat National des Footballeurs camerounais c/. FECAFOOT*, 10 mai 2013, in Recueil Thématique des sentences de la Chambre de Conciliation et d'Arbitrage, Tome I, inédit.

différends de travail en droit commun qui commence obligatoirement par une tentative de conciliation[28]. Sauf qu'en droit commun, la conciliation se fait devant l'inspecteur du travail ; fonctionnaire de l'administration publique et le travailleur ne participe aucunement à sa désignation. Par contre, en milieu sportif, la conciliation se déroule plutôt devant un collège de conciliateurs, appartenant au mouvement sportif et dont le travailleur participe à la désignation. La conciliation des différends de travail sportif est un préalable obligatoire avant l'arbitrage. Cette conciliation obligatoire tire son fondement juridique de la loi qui dispose que « *les litiges portés devant la Chambre de conciliation et d'arbitrage font l'objet d'une conciliation préalable et obligatoire*[29] ». Cette obligation légale est également reprise par le règlement de procédure de la CCA du CNOSC qui dispose que « *Toute procédure soumise à la Chambre en arbitrage doit faire l'objet d'une conciliation préalable et obligatoire*[30] » et que « *La requête en arbitrage doit être accompagnée d'un procès-verbal de non-conciliation ou de conciliation partielle*[31] ».

Le règlement de procédure ne se contente pas seulement à faire de la conciliation un préalable obligatoire. Il va plus loin en exigeant également que les chefs de demande qui ont été soumis à la Chambre en procédure de conciliation obligatoire soient également les mêmes à être soumis à la Chambre en arbitrage : c'est le principe de l'immutabilité du litige encore appelé principe de la concentration des moyens dès l'instance. Selon ce principe, le demandeur ne peut, dans une deuxième demande, invoquer un moyen qu'il n'avait pas soulevé dans le cadre de sa première demande. L'ensemble des moyens soulevés par le demandeur doit être présenté avant qu'il ne soit statué sur la demande en première instance, à peine d'irrecevabilité. Pour Bertrand LOUVEL[32], l'obligation de concentration des moyens est considérée comme une *« bonne technique d'encadrement processuel du lien d'instance*[33] ». Cet auteur appelle de tous ses vœux à une concentration des demandes et des moyens dès les premières conclusions et en première instance. Ce vœu,

---

[28] Article 139 alinéa 1 de la loi n°92-007 du 14 août 1992 portant code du travail

[29] Article 96 alinéa 1 de la loi n°2018/014/ du 11 juillet 2018 portant organisation et promotion des activités physiques et sportives au Cameroun

[30] Article 42 alinéa 1a du statut et règlement de procédure de la CCA du CNOSC

[31] Article 42 alinéa 1b du statut et règlement de procédure de la CCA du CNOSC

[32] Bertrand LOUVEL est un magistrat français. Il a occupé les fonctions de président de la cour de cassation française du 16 juillet2014 au 6 septembre 2019.

[33] B. LOUVEL, « Perspective de la procédure civile : vers un principe général de concentration ? », in L. Flise et E. JEULAND (dir .), Du lien d'instance aux liens processuels, IRJS, 2016, P.4.

qui tire ses origines lointaines depuis le célèbre arrêt CESAREO[34] semble avoir été exaucé par le règlement de procédure devant la CCA qui dispose que *« les chefs de demande n'ayant pas été formulée en procédure de conciliation préalable et obligatoire sont irrecevables en arbitrage*[35] ».

Concrètement, ce principe qui trouve également toute sa raison d'être dans l'arbitrage des différends sportifs signifie que, tous les chefs de demandes qui sont soumis en arbitrage doivent obligatoirement être les mêmes qui ont été au préalable soumis en conciliation. C'est une exigence procédurale fortement respectée par les formations arbitrales de la CCA et son non-respect est systématiquement sanctionné par l'irrecevabilité de cette nouvelle demande. C'est cette solution qui a été retenue dans l'affaire *club de football membre de la FECAFOOT C/. FECAFOOT*[36] dans laquelle la formation arbitrale affirme que *« l'arbitrage au sens de la Loi sur les activités physiques et sportives au Cameroun et des dispositions de l'article 25 alinéa 2c du code en vigueur à la chambre, ne peut se concevoir sans phase de conciliation obligatoire avec qui elle forme un tout indivis qui expose de ce fait une requête en arbitrage qui ne présente pas exactement les mêmes demandes à la conciliation, s'expose à l'incompétence de la chambre ; »* et qu'*« En conséquence, se déclare incompétente à connaitre des dites demandes , nouvellement présentées devant la chambre d'arbitrage »*. L'examen de la recevabilité de la requête étant de la compétence du collège arbitral, il statue sur toutes les fins de non-recevoir soulevées par les parties[37]. C'est après la phase de conciliation obligatoire qu'une partie pourra, à travers une requête saisir la chambre en arbitrage.

2. La procédure arbitrale subséquente

La procédure arbitrale devant la CCA du CNOSC est conçue pour répondre aux exigences de célérité et de sécurité juridique propres au milieu sportif. Elle s'ouvre par une saisine formalisée de la Chambre, par voie de requête38 adressée au Secrétariat de la CCA. Cette requête qui n'est recevable qu'après épuisement des voies de recours internes de l'association ou fédération en cause39, doit exposer les faits, les moyens

[34] Cass. Ass. Plén., 7 juillet 2006, n° 04- 10.672, Cesareo : Bull. Civ.ass. plén., n°8.
[35] Article 42 du statut et règlement de procédure de la CCA
[36] CCA/CNOSC, Arbitrage, Affaire n° CCA/2019/0004, Clubs de football membres de la FECAFOOT C/ FECAFOOT, 11 avril 2019, in Recueil Thématique des sentences de la Chambre de Conciliation et d'Arbitrage, Tome II, inédit.
[37] Article 42 alinéa 3 du statut et règlement devant la CCA
[38] Article 19 alinéa 1 du statut et Règlement de procédure de la CCA du CNOSC
[39] Ibid

de droit et les prétentions de la partie demanderesse, conformément au règlement de procédure40. Le respect de ces conditions de recevabilité garantit la clarté du litige et permet une instruction rapide. Une fois saisie, la CCA peut, dès l'introduction de l'instance ou à la demande d'une partie, ordonner des mesures conservatoires ou provisoires. Ces mesures visent à préserver les droits des parties dans l'attente de la sentence au fond. À l'instar du TAS, la CCA se réserve ainsi la possibilité de rendre des ordonnances de référé adaptées à l'urgence sportive[41]. La particularité en milieu sportif tient au fait que, conformément à l'article 36 du règlement de procédure de la CCA, ces mesures ne sont pas susceptibles de recours immédiat[42]. Cette option se justifie par la nécessité de préserver la célérité de la procédure arbitrale sportive, où tout retard peut avoir des conséquences graves sur la carrière du sportif ou sur le déroulement d'une compétition.

La jurisprudence arbitrale internationale confirme cette logique. Le TAS a jugé à plusieurs reprises que les mesures procédurales prises par le collège arbitral[43] constituent de simples actes de procédure et ne peuvent faire l'objet d'un recours séparé[44]. Cette règle, reprise par la CCA, renforce la stabilité de l'instruction arbitrale en milieu sportif. La doctrine justifie ce régime particulier par la spécificité de l'arbitrage sportif. Comme le souligne Jean-Pierre KARAQUILLO, « *l'efficacité de la justice sportive repose sur des procédures allégées, où les mesures d'instruction doivent être exécutées sans obstacle procédural* »[45]. En ce sens, la CCA se conforme à une tendance internationale consistant à privilégier la rapidité et l'efficacité au détriment d'un contrôle juridictionnel immédiat.

La procédure arbitrale est également marquée par des délais réduits, afin d'éviter que le règlement du litige ne compromette le déroulement d'une compétition ou la carrière d'un sportif. Le règlement de la CCA impose à la formation arbitrale de statuer dans un délai maximum de trois mois, sauf prorogation exceptionnelle[46]. Cette célérité contraste

---

40 Article 12 Règlement de procédure de la CCA du CNOSC

41 TAS, *CAS 2006/A/1100, Webster c. Hearts of Midlothian*, ordonnance de mesures provisionnelles du 30 août 2006.

42 Règlement de procédure de la CCA du CNOSC, art. 36.

43 C'est par exemple le cas des décisions relatives à la recevabilité des preuves ou à l'organisation de l'instruction

44 TAS, *CAS 2007/A/1370-1376, FIFA c. WADA*, sentence du 21 mai 2008.

45 J.-P. KARAQUILLO, *Droit du sport*, Presses universitaires de Limoges, 2015, p. 278.

46 Article 25 du statut et règlement de procédure de la CCA du CNOSC,

avec la lenteur de la justice étatique et justifie largement la préférence des acteurs sportifs pour l'arbitrage.

La particularité en milieu sportif tient au fait que, conformément à l'article 36 du règlement de procédure de la CCA, ces mesures ne sont pas susceptibles de recours immédiat[47]. Cette option se justifie par la nécessité de préserver la célérité de la procédure arbitrale sportive, où tout retard peut avoir des conséquences graves sur la carrière du sportif ou sur le déroulement d'une compétition. La jurisprudence arbitrale internationale confirme cette logique. Le TAS a jugé à plusieurs reprises que les mesures procédurales prises par le collège arbitral[48] constituent de simples actes de procédure et ne peuvent faire l'objet d'un recours séparé[49]. Cette règle, reprise par la CCA, renforce la stabilité de l'instruction arbitrale en milieu sportif. La doctrine justifie ce régime particulier par la spécificité de l'arbitrage sportif. Comme le souligne Jean-Pierre KARAQUILLO, « *l'efficacité de la justice sportive repose sur des procédures allégées, où les mesures d'instruction doivent être exécutées sans obstacle procédural* »[50]. En ce sens, la CCA se conforme à une tendance internationale consistant à privilégier la rapidité et l'efficacité au détriment d'un contrôle juridictionnel immédiat.

Enfin, la question des voies de recours se pose également avec acuité. En vertu du principe de l'autonomie de la sentence arbitrale, les décisions de la CCA ont autorité de chose jugée et ne sont pas susceptibles d'appel devant une juridiction étatique nationale. Elles ne peuvent en aucun cas être contestées devant les juridictions étatiques par le biais d'un recours en annulation, comme c'est le cas en droit commun dans les conditions prévues par l'Acte uniforme OHADA relatif à l'arbitrage[51].

Si l'analyse du cadre juridique et de l'organisation procédurale de la CCA met en évidence sa légitimité et sa spécialisation, il reste nécessaire d'évaluer l'efficacité réelle de l'arbitrage sportif, en tenant compte de ses atouts et de ses limites pratiques.

---

47 Ibid., art. 36.

48 Telles que les décisions relatives à la recevabilité des preuves ou à l'organisation de l'instruction

49 TAS, *CAS 2007/A/1370-1376, FIFA c. WADA*, sentence du 21 mai 2008.

50 J.-P. KARAQUILLO, *Droit du sport*, Presses universitaires de Limoges, 2015, p. 278.

51 Article 25 et s. de l'Acte uniforme OHADA sur le droit de l'arbitrage

II- Les atouts et limites de l'arbitrage des litiges de travail sportifs par la CCA

Si le recours à l'arbitrage devant la CCA du CNOSC constitue une innovation importante dans la régulation des litiges de travail sportifs, son efficacité pratique doit être appréciée à l'aune de ses forces et de ses faiblesses. D'un côté, l'arbitrage présente des atouts indéniables liés à sa rapidité, sa technicité et son adéquation au milieu sportif (A). De l'autre, il demeure confronté à certaines limites juridiques et pratiques, notamment en matière de compétence et d'exécution des sentences (B).

A – Les atouts louables de l'arbitrage en milieu sportif

Les atouts de l'arbitrage devant la CCA du CNOSC se déclinent selon deux axes principaux. D'une part, il se caractérise par sa rapidité et sa technicité, répondant aux exigences propres du milieu sportif (1). D'autre part, il se distingue par sa capacité à s'adapter aux spécificités des règles sportives, qu'il s'agisse des règlements de la FIFA, du CIO ou des fédérations nationales (2).

1. La célérité et l'expertise technique de la justice arbitrale sportive

L'un des principaux atouts de l'arbitrage devant la CCA du CNOSC réside dans sa rapidité et sa technicité, répondant aux exigences spécifiques du milieu sportif. La célérité des procédures constitue un impératif, car tout retard peut compromettre la carrière d'un sportif, le déroulement d'une compétition ou la stabilité des clubs. Le règlement de la CCA prévoit ainsi des délais stricts pour l'instruction et la décision des différends, généralement limités à quelques mois ; en procédure ordinaire et à quelques jours en procédure accélérée, ce qui contraste fortement avec la durée souvent indéterminée des procédures devant les juridictions étatiques[52].

Pour ce qui est de la célérité, le règlement de procédure devant la CCA du CNOSC impose que, même dans le cadre accéléré, l'instruction se déroule « de la même manière que celle de la procédure ordinaire », mais dans « la plus grande célérité »[53]. Cette disposition traduit la volonté de concilier rapidité et rigueur procédurale. L'organisation des audiences

---

52 Article 25 du Statut et Règlement de procédure de la CCA du CNOSC

53 Article 60 alinéa 2 du Statut et Règlement de procédure de la CCA du CNOSC

et la gestion des pièces du dossier sont ainsi adaptées pour répondre aux contraintes temporelles tout en respectant le principe du contradictoire. Dans la pratique, cette célérité se traduit par une planification extrêmement rapide des audiences, la communication immédiate des pièces aux parties et l'utilisation de moyens de notification efficaces. Comme le souligne J.-F. RENUCCI, « l'instruction accélérée n'est pas un compromis de formalisme, mais un ajustement des procédures pour garantir que le délai réduit n'entraîne pas une perte de substance dans l'examen du litige »[54]. Les parties disposent néanmoins d'un temps minimal pour préparer leurs observations et répondre aux arguments adverses. La jurisprudence internationale offre des exemples concrets de cette organisation. Dans l'affaire *Fédération internationale X c/ Athlète Y*, le TAS a validé un déroulement accéléré de l'instruction, estimant que le traitement rapide du litige était compatible avec le respect des droits procéduraux dès lors que les parties avaient eu accès à l'intégralité du dossier et la possibilité de présenter leurs arguments[55]. Cette approche montre que la célérité et l'équité ne sont pas nécessairement incompatibles si les moyens procéduraux sont adaptés.

Par ailleurs, la réduction drastique des délais implique une mobilisation accrue des arbitres et conciliateurs. Ces derniers doivent instruire l'affaire de manière concentrée, souvent sur une ou deux journées, ce qui nécessite une organisation logistique rigoureuse. La doctrine insiste sur cette exigence de professionnalisme : « L'instruction en procédure accélérée est un exercice délicat qui demande de concilier rapidité, rigueur et neutralité, sous peine de compromettre la légitimité de la décision »[56]. Cette rapidité s'accompagne également d'une expertise technique spécialisée. Les membres du Collège des conciliateurs et de la formation arbitrale sont choisis pour leur connaissance approfondie du droit du sport et de l'arbitrage, ainsi que pour leur expérience dans les enjeux sportifs spécifiques, tels que les transferts, les contrats de travail ou les primes liées à la performance[57]. Cette expertise permet d'adapter les solutions aux réalités du sport professionnel, évitant l'application

---

54 J.-F. RENUCCI, « Procédures accélérées et efficacité du contentieux sportif », *Revue de l'arbitrage*, 2016, p. 1048.

55 TAS, affaire **CAS 2010/A/2145, Fédération Internationale X c/ Athlète Y**, ordonnance du 12 août 2010.

56 F. LATTY, *La lex sportiva. Recherche sur le droit transnational*, Martinus Nijhoff, 2007, p. 229.

57 Article 10 du Statut et Règlement de procédure de la CCA du CNOSC

mécanique des normes de droit du travail général lorsque celles-ci pourraient s'avérer inappropriées avec le milieu sportif.

La jurisprudence internationale illustre l'importance de ces qualités. Par exemple, dans l'affaire *Matuzalem c. Shakhtar Donetsk*, le TAS a rendu une décision en quelques mois, malgré la complexité du litige portant sur la rupture abusive d'un contrat et l'indemnisation d'un joueur[58]. De même, la CCA s'inspire de ce modèle en veillant à ce que l'instruction, même lorsqu'elle implique la production de pièces et l'audition de témoins, ne compromette pas la célérité requise par le calendrier sportif local. La doctrine souligne également que la technicité de l'arbitrage sportif ne se limite pas à la connaissance juridique, mais englobe la capacité à apprécier les contraintes liées à la pratique sportive. Selon J.-M. MARMAYOU, « *la justice sportive spécialisée permet d'intégrer des considérations propres à la carrière du sportif et aux impératifs de compétitivité des clubs, ce que la juridiction civile traditionnelle ne peut toujours garantir* »[59]. Cette combinaison de célérité et d'expertise confère à la CCA une légitimité accrue auprès des acteurs sportifs, qui privilégient la sécurité et l'efficacité de l'arbitrage à la lenteur des procédures classiques. Ainsi, la rapidité et la technicité constituent des piliers essentiels de l'arbitrage des différends sportifs, offrant une solution pragmatique et adaptée aux particularités du milieu sportif, tout en renforçant la confiance des parties dans la capacité de l'institution arbitrale à régler les différends de manière équitable et efficace en se fondant sur les règles substantielles propres du milieu sportif.

2. L'application prioritaire du droit du travail propre au milieu sportif par l'arbitre

- Les difficultés d'exécution des sentences arbitrales

Au-delà des questions de compétence, la CCA du CNOSC est confrontée à une autre limite majeure : l'exécution effective de ses sentences arbitrales. Si l'arbitrage sportif permet de trancher rapidement les différends, la force obligatoire et l'exécution de ses décisions peuvent se heurter à des obstacles pratiques et juridiques. En droit camerounais, les sentences arbitrales nécessitent l'intervention du juge étatique afin

58 TAS, *CAS 2008/A/1519-1520, Matuzalem c. Shakhtar Donetsk*, 19 mai 2009.
59 J.-M. Marmayou, *Droit du sport*, LGDJ, 2017, p. 415.

que ce dernier appose « la formule exécutoire[60] », notamment lorsque la partie condamnée refuse volontairement de se conformer à la décision[61]. En effet, pour espérer s'intégrer dans l'ordre juridique, la sentence arbitrale ne doit pas méconnaitre les valeurs fondamentales de l'Etat dans lequel elle est appelée à produire ses effets[62]. Ce processus d'obtention de l'exéquatur peut entraîner des retards significatifs. Le recours au juge étatique en vue d'obtenir l'exéquatur a pour principale conséquence de prolonger la durée d'exécution de la sentence, exposant le justiciable à des préjudices économiques et professionnels. La doctrine souligne que ces difficultés sont récurrentes dans les arbitrages nationaux de nature sportive. Selon Jean-Pierre KARAQUILLO, « *la reconnaissance légale d'une sentence arbitrale ne suffit pas ; sa mise en œuvre effective dépend de la coopération des juridictions étatiques et de la volonté des parties* »[63]. Antoine Duval ajoute que cette fragilité est particulièrement problématique dans le milieu sportif, où le calendrier compétitif et les obligations contractuelles sont stricts et peu compatibles avec des procédures longues[64].

Dans le but de pallier à ces difficultés, la CCA a introduit des mesures conservatoires et

Conclusion

L'arbitrage des litiges de travail en milieu sportif s'impose progressivement comme une voie privilégiée de règlement des différends au Cameroun. La consécration législative de la Chambre de conciliation et d'arbitrage du CNOSC en 2018 a permis de doter le mouvement sportif d'un mécanisme juridictionnel spécialisé, adapté aux réalités propres de ce secteur. En garantissant célérité, technicité et proximité avec les normes internationales du sport, l'arbitrage répond à une exigence fondamentale : préserver l'équilibre fragile entre la protection des droits des travailleurs sportifs et la nécessité d'assurer la stabilité des compétitions et des carrières. Toutefois, cette efficacité demeure relative. Sur le plan normatif, l'articulation entre la compétence de la CCA et celle des juridictions étatiques du travail reste parfois floue,

---

60 Article 97 alinéa 2Loi n°2018/014 du 11 juillet 2018, portant organisation et promotion des activités physiques et sportives au Cameroun

61 Article 26 de l'Acte uniforme OHADA relatif à l'arbitrage

62 P-K. KAMGAING, « l'arbitrage des conflits sportifs à l'aune des droits fondamentaux » *in signatures internationales*, association française des docteurs en droit, n° 4, décembre 2021, P ; 148.

63 J.-P. KARAQUILLO, *Droit du sport*, Presses universitaires de Limoges, 2015, p. 280.

64 A. Duval, *Droit du sport et arbitrage*, LGDJ, 2015, p. 205.

ouvrant la voie à des conflits de compétence ou à des risques de contrariété des décisions. Sur le plan pratique, l'exécution des sentences arbitrales constitue un défi majeur, en raison de la réticence de certaines parties et de l'absence de mécanismes coercitifs pleinement opérationnels. Ces limites révèlent que l'arbitrage, s'il constitue une réponse crédible aux spécificités du sport, ne saurait se substituer entièrement aux garanties offertes par le juge du travail. Ainsi, l'arbitrage des litiges de travail sportifs par la CCA apparaît comme un instrument de justice prometteur mais encore perfectible. Son plein essor suppose, à l'avenir, une clarification des règles relatives à la convention d'arbitrage, un renforcement des mécanismes d'exécution et une meilleure articulation avec la justice étatique. Ce n'est qu'à ce prix que l'arbitrage pourra s'imposer comme un véritable vecteur d'équilibre entre les exigences de sécurité juridique et la nécessaire efficacité des relations de travail en milieu sportif.

L'INAPTITUDE DU SPORTIF SALARIE : REGARD D'UN PRATICIEN

Me Yves Jonathan TCHAMBA TCHABOU,
Avocat Stagiaire au sein du Cabinet
NOUYADJAM & ASSOCIATES

« Le sport est un jeu, mais pas n'importe quel jeu, en plus d'être une activité ludique, physique et émotionnelle, il est une activité réglementée. . . »[1]. Il suffit pour le croire et pour s'en convaincre d'observer la multiplicité des règles générées par le mouvement sportif[2] lesquelles doivent servir de guide à l'organisation de la compétition[3]. En effet, depuis la mutation du sport, du jeu vers des enjeux exponentiellement importants[4], le champ sportif s'est diversifié en raison de la multiplicité des pratiques, ainsi que de leurs modes d'organisation[5]. Afin de mieux organiser leur activité, les acteurs du mouvement sportif se sont constitués en groupement[6] dont l'objectif est d'élaborer les règles encadrant l'activité[7]. Ces règles constituent en effet la conséquence de la volonté des compétiteurs de vouloir concourir en adhérant aux pactes mis en place par les fédérations internationales[8]. Dans le cas des sports

---

[1] G-T FOUMENA, « Editorial », in Revue Africaine de Droit et d'Economie du Sport, n°1, pp. 10-12.

[2] F. BUY, J. M. MARMAYOU, D. PORACHIA, F. RIZZO, droit du sport, Paris, LGDJ, Lextenso, année 2006, p. 55.

[3] Il convient de préciser qu'en matière d'organisation des compétitions les fédérations sportives sont les principaux créateurs de la règle de droit, les pouvoirs publics n'occupant dans ce domaine qu'un rôle accessoire. Voir en ce sens F. LATTY, « les forces créatrices du droit sportif, entre concurrence et coopération », in les nouveaux droits. Approche pluraliste des foyers de création du droit, année 20215

[4] Il s'agit des divers enjeux qui ont apparu dans le sport vers la fin du 18 siècle à savoir : l'économie, le politique, le culturel, le culturel.

[5] V. Gaubert. Du football aux foot-ball : étude comparative de la géographie des cultures sportives " balle au pied ". Géographie. Université Paris-Sorbonne - Paris IV, 2016

[6] G. Simon, puissance sportive et ordre juridique étatique, paris, Librairie Générale de Droit et de Jurisprudence, 1990, p. 15.

[7] Il s'agit en effet de la manifestation du pouvoir normatif des fédérations sportives. Cf. G. SIMON, Ib.

[8] C'est ce qui fait dire au professeur Gérald Simon que : « . . . la compétition combine en elle ces deux éléments apparemment contradictoires mais absolument réciproques

de combat comme dans toutes les autres disciplines, ce pacte se matérialise en quelque sorte au travers du principe de l'acceptation des risques sportifs[9], dont l'objectif est de mettre à l'abri des poursuites judiciaire, l'auteur d'une atteinte à l'intégrité physique d'un sportif au cours d'une compétition, même si cette atteinte aurait conduit à une inaptitude.

La problématique de l'inaptitude du sportif salarié revêt une importance indéniable, et mérite d'être approfondie. Elle constitue en effet un sujet d'une extrême importance en raison de la constante exposition du sportif aux blessures et traumatismes inhérents à l'activité sportive[10]. Le sportif, à l'inverse du travailleur de droit commun est amené à flirter constamment avec de multiples lésions, tant psychique, que physique. . . etc. Ceci se justifie par le fait que, le principal outil de travail du sportif n'est rien d'autre que sa performance réalisée au travers de son corps[11]. Ainsi, l'effort physique qui est constamment fourni au cours, soit des entrainements, des compétitions abiment de manière parfois non visible, mais significative le sportif, mettant ainsi ce dernier dans une insécurité permanente. Le contexte de travail du sportif génère de multiples facteurs qui affectent ses conditions de travail, au point où, on en vient à se poser la question de savoir si le sportif exerce-t-il véritablement un travail décent[12]. Toutefois, on ne saurait envisager l'inaptitude du sportif uniquement dans le seul sens des accidents de

---

l'un de l'autre, la coopération et l'opposition. Non seulement, en effet, l'affrontement des adversaires ne détruit pas le pacte initial, mais c'est précisément dans l'opposition même que celui-ci se réalise »

9 En général, selon la théorie de l'acceptation des risques en matière sportive, la personne qui pratique un sport accepte les risques prévisibles de l'activité. Cette théorie est souvent plaidée par la partie défenderesse dans un recours en responsabilité civile qui vise dans la plupart des cas à faire indemniser le préjudice subi suite à la pratique du sport. Elle vise en effet l'exclusion de toute responsabilité de l'auteur d'un dommage au cours de l'exercice de l'activité. Cette théorie de l'acceptation des risques sportifs a été écartée par la jurisprudence pour les dommages causés par une chose à l'occasion d'activités sportives hors-cadre de compétition, comme par exemple la sortie dominicale, le jeu improvisé, les entraînements, la phase préliminaire d'une compétition. (Cass. 2e Civ. , 4 juillet 2002, n° 00-20686), une arme blanche utilisée par un spectateur,. . . etc.

10 (X) AUMERAN, « la protection des sportifs de haut niveau contre les accidents du travail et maladies professionnelles », in Les cahier de droit du sport, n°44, P 17-25.

11 C'est la raison pour laquelle certains sportifs de renommé internationale, souscrivent à des polices d'assurance particulière couvrant les membres de leur corps.

12 (D) GARDES, (L) MINIATIO, « les sportifs professionnels exerce-t-il un travail décent », in D. GARDES, L. MINIATIO, L'ETHIQUE EN MATIERE SPORTIVE, presse de l'université de Toulouse 1 capitole, édition lextenso, décembre 2014, P 41-49.

travail, le salarié pouvant se retrouver dans cette situation pour les faits n'ayant aucun lien avec l'emploi, c'est dire qu'elle peut résulter d'un accident n'ayant aucun lien avec l'emploi salarié.

L'inaptitude s'entend comme une incapacité physique ou mentale pour un salarié à exercer en partie ou totalité ses fonctions, cette inaptitude pouvant avoir une cause liée à un accident ou une maladie d'origine professionnelle ou non professionnelle. En effet, le critère de distinction entre une inaptitude d'origine professionnelle et une inaptitude d'origine non professionnelle se situe au niveau du lien de subordination. Autrement dit, ce critère se situe sur le rattachement de l'origine de l'inaptitude à un ou plusieurs évènements survenus pendant que le sportif se trouve sous l'autorité et la direction de l'employeur (voir en ce sens la position de la Cour de Cassation française dans l'affaire cass. 2ème, 17-15. 984 du 21 juin 20218)[13] auquel cas, il s'agira d'une inaptitude d'origine non professionnelle.

L'appréhension des contours de cette thématique pose l'usage d'une opérationnalisation des éclaircis apportés aux rapports existants entre les joueurs victime d'accident de travail, leur club et le législateur sportif. Dit autrement, il fait remonter de l'ombre vers la lumière tous les mécanismes assurantiels tendant à la sauvegarde de la place du sportif dans la société[14], qui, malgré les diminutions subies à la suite d'un accident ou d'une maladie, garde tout au moins une dignité humaine inaliénable. Le retentissement de cette dignité ne pouvant se faire qu'avec l'aide du législateur, dans la mesure où, on sait que, entre le faible et le fort, le pauvre et le riche, la liberté opprime et la loi libère[15]. Il est donc question pour ce travail d'apporter des lumières sur la protection sociale du sportif, afin d'impulser une dynamique quasi absente en milieu sportif au Cameroun, et pourtant nécessaire, tant la performance du sportif constitue l'un des éléments de la matière première dans le sport qu'il faut sécuriser par tout moyen.

---

13 En l'espèce, un accident de ski était survenu au cours d'une journée de détente prévue par le programme du séminaire et qualifiée de « journée libre ». Durant cette journée, les salariés avaient la possibilité de pratiquer diverses activités sportives, sans que celles-ci soient encadrées ou rémunérées par l'employeur. Malgré le fait que ces activités étaient aux frais des salariés, la Cour d'appel, suivie par la Cour de cassation, estime que les salariés ayant participé à cette journée restaient néanmoins soumis à l'autorité de l'employeur dans la mesure où elle était prévue au programme du séminaire, et ainsi rémunérée comme du temps de travail. Par conséquent, il a été jugé que l'événement devait être pris en charge en tant qu'accident du travail.

14 Cette place est maintenue par la protection de son emploi, et la protection de ses revenus.

15 C'est là une phrase célèbre d'Henri Lacordaire, moine dominicain et député de la Constituante en 1848, siégeant à l'extrême gauche

Ainsi, la mise en commun des termes « inaptitude » et « sportif salarié » au regard du droit soulève nécessairement la problématique de l'accompagnement que le droit apporte à l'endroit du salarié devenu inapte. En pareille hypothèse, il est doublement défavorisé : d'abord du fait de sa situation de contractant d'infériorité et dont de vulnérabilité, mais aussi et surtout de son statut de personne inapte. L'intervention du législateur et des institutions sportives se veut donc salvateur. A cet effet, peut-on se satisfaire du régime applicable au traitement de l'inaptitude du sportif salarié ? Un premier jet de réponse, aussi fragile soit il permet de constater que, la santé au travail est une démarche interdisciplinaire, associant employés et employeurs, et en quelque sorte les pouvoirs publics dans le but de créer un lieu de travail favorable à la santé[16] et notamment de lutter contre la « discrimination salariale selon l'état de santé ». La garantie des soins en cas d'inaptitude est donc assurée au sportif grâce à la combinaison de l'effort entre la FN, les pouvoirs publics, les clubs et les groupements des travailleurs[17]. L'étude du régime applicable à l'inaptitude du sportif salarié au Cameroun trouve donc toute sa pertinence dans la mesure où, elle peut viser à interroger l'effectivité de l'accès à une prise en charge adaptée mis au point tant par l'Etat, par les FN. Ainsi préciser, le sujet objet du présent travail, a ceci de particulier qu'il permettra d'évaluer l'efficacité de l'assistance accordée au sportif victime d'un accident d'origine professionnelle ou non[18]. L'intérêt d'un tel sujet se fonde donc sur la place de choix que les autorités à la fois étatiques et fédérales accordent à la protection égalitaire des travailleurs victimes d'accidents de travail et de maladies professionnelles[19] et qui sont susceptibles de leur mettre ou pas dans un état de handicap.

Ceci étant dit, que l'inaptitude du sportif salarié soit d'origine professionnelle ou non, son traitement tel que prévu par le législateur

---

[16] Il s'agit en effet du renforcement de l'obligation de surveillance médicale prévue par les dispositions des articles 100 et suivants du Code du Travail.

[17]Toute chose qui serait l'équivalente du dialogue social connu dans le droit commun.

[18] La définition de l'accident du travail a été donnée par l'article 2 de la loi n°77611 portant réparation et prévention des accidents du travail et maladies professionnelles du 13 juillet 1973 en ces termes : « l'accident survenu à tout travailleur par le fait ou à l'occasion du travail ; pendant le trajet aller et retour entre la résidence principale ou une résidence secondaire (. . .) le lieu de travail et le restaurant, la cantine ou d'une manière générale le lieu où prend habituellement ses repas ; pendant les voyages dont les frais sont à la charge de l'employeur en application du code du travail ».

[19] (J) DJUIKOUO, Accidents du travail : étude comparée entre les obligations de l'employeur en droits camerounais et français, afrédit africaine édition, Yaoundé Cameroun, année 2012, p. 33.

s'opère sous deux pôles à savoir, la protection de l'emploi salarié, et la protection du patrimoine du sportif salarié. Afin d'assurer la protection des sportifs contre les risques liés au sport, le législateur a mis sur pieds des mesures d'assistance (I), qui nécessite d'être renforcées (II).

I. La mise sur pieds des mesures d'assistance au profit du sportif victime d'inaptitude

Cette mesure d'assistance consiste en l'élaboration des règles de discrimination positives tendant à la sauvegarde de l'emploi sportif (A), et à l'élaboration des règles d'assurances protégeant le patrimoine du sportif (B).

A. Un régime discriminatoire tendant à la sauvegarde de l'emploi sportif

Les techniques de sauvegarde de l'emploi sportif en cas d'inaptitude s'articulent autour de l'obligation qui est faite à l'employeur de suspendre le contrat de travail (1), et de procéder au reclassement du sportif (2).

1. Les mesures de préservation de l'emploi du sportif victime de handicap par la suspension du contrat de travail

Le principal danger qu'encourt un sportif victime d'un accident de travail ou d'une maladie professionnelle est la perte de son emploi, ce d'autant plus que pendant la période d'indisponibilité, le travailleur malade ou accidenté ne peut fournir sa prestation. Le législateur, conscient de la part de responsabilité de l'employeur[20] dans les malheurs du travailleur, va imposer une suspension du contrat de travail pendant la durée de l'inaptitude. La nécessité d'une garantie de la continuité salariale à l'endroit des sportifs en arrêt de travail pour cause de maladie ou accident de travail, ou plus encore, pour cause de maladie non professionnelle fait corps avec le double objectif du droit du travail visant, la protection du travailleur, et la recherche de la paix sociale. En effet, le caractère sensible de la nature du travailleur, le caractère précaire attaché à l'emploi sportif, a poussé le législateur à mettre sur pieds des instruments devant servir à la préservation de l'emploi pendant la période de suspension du contrat de travail. Cette suspension qui

[20] Il s'agit à de la théorie du risque en matière de responsabilité civile en l'absence de toute faute.

s'entend comme *« l'interruption momentanée des effets du contrat de travail, sans qu'il y ait rupture... »*[21].

Le régime de la suspension du contrat de travail pendant la durée de l'absence du travailleur, dans le cas d'une maladie dûment constatée par un médecin agréé par l'employeur, ou relevant d'un établissement hospitalier reconnu par l'État, et pendant la période d'indisponibilité résultant d'un accident de travail ou de maladie professionnelle, est clairement définie par l'article 32 du code du travail qui fixe un cadre général. Toutefois, à la différence des maladies ou accidents n'ayant aucun lien avec le travail, la loi n°77 du 13 juillet 1977 portant réparation des accidents de travail et des maladies professionnelles apportent certaines particularités qui donnent aux salariés la possibilité de bénéficier d'un régime spécial. Tout d'abord, ces derniers ne sont pas concernés par la limite de six mois prévus à l'article 32. Leur contrat est suspendu pendant toute la durée de leur maladie ou de l'indisponibilité, et l'employeur ne peut rompre le contrat. Après consolidation[22], ceux-ci reprennent purement et simplement leur ancien poste de travail, mais à condition qu'ils n'aient pas subi une baisse de leur capacité de travail.

Le code du travail français interdit de rompre un contrat de travail pendant la période de suspension pour cause de maladie professionnelle ou accident de travail. Toutefois, deux hypothèses peuvent donner lieu au licenciement pendant cette période, il s'agit de la faute grave ou d'un élément étranger à l'accident de travail. Cette interdiction plonge d'une part, les parties dans la fiction d'une continuité des relations de travail[23], et d'autre part, ouvre droit au versement d'un revenu de substitution par la CNPS.

La faute grave commise par le sportif pendant la période de suspension de son contrat de travail, et pouvant entrainer son licenciement concerne la violation de l'obligation de loyauté. En effet, cette obligation subsiste même pendant la période de suspension du

---

21 Lexique des termes juridiques, 12ème édition DALLOZ, année 199.

22 D'après le Lexique des termes juridiques, la consolidation s'entend comme étant ***« la stabilisation de la blessure résultant d'un accident du travail, qui marque la fin du versement des indemnités journalières et le point de départ de la rente d'accident »***. Cette notion doit être différenciée de la guérison.

23 La relation de travail se traduit en effet par l'échange des obligations entre les parties, à savoir l'exercice d'une prestation pour l'un, et le versement d'une rémunération. Pendant la suspension du contrat de travail pour cause de maladie, le travailleur n'accomplit plus sa prestation, mais perçoit un salaire (indemnités journalières) qui indirectement versé par l'employeur au travers le versement des cotisations sociales, d'où la fiction des relations de travail.

contrat de travail. Le sportif est alors contraint de mener une hygiène de vie saine, et susceptible de favoriser sa guérison rapide[24]. Ainsi, dans l'arrêt **Soc, 3 mai 2011, n°09/67,464**, la Cour de cassation expose ainsi qu'*« un motif tiré de la vie personnelle du salarié ne peut, en principe, justifier un licenciement disciplinaire, sauf s'il constitue un manquement de l'intéressé à une obligation découlant de son contrat de travail »*.

2. Les mesures de préservation de l'emploi du sportif victime de handicap au travers l'obligation de reclassement

La relation existante entre les sportifs et les clubs étant qualifiée de relation de travail, cette dernière ne saurait se soustraire aux règles de droit de travail, malgré le contexte spécial dans lequel évolue ladite relation. Ainsi, un club ne saurait être fondé à rompre le Contrat de travail d'un joueur devenu inapte après un accident de travail, même si la règlementation fédérale l'y autorise. Dans cette hypothèse, ceci traduirait l'illicéité d'une norme édictée par une fédération en discordance avec une disposition commune d'ordre public[25].

Ainsi, le club qui souhaite licencier un sportif victime de handicap à la suite de la pratique de son activité doit préalablement, et obligatoirement procéder au reclassement. En droit du travail, le reclassement peut être défini *« comme une opération qui consiste pour l'employeur, d'une part, à mettre en œuvre tous les moyens possibles pour proposer un emploi disponible, lorsque les évènements intervenus dans la vie de l'entreprise ou dans la vie du salarié, ont entrainé des modifications amenant à reconsidérer l'emploi qu'il occupait jusqu'alors…,»*[26]. Assimilable à la reconversion, le reclassement permet d'éviter la rupture de l'équilibre qui existe dans les rapports entre travailleur et employeur par la sécurisation d'une activité susceptible d'être perdue à la suite de la nouvelle condition de l'athlète. Il consiste donc en une opération de sauvegarde de l'emploi. D'après Monsieur TSASSE SAHA Gislain, il s'agit d'une logique de prévention des licenciements liée à l'exigence de solidarisme dans les relations contractuelles[27], renforçant le rang de droit fondamental qu'occupe

---

[24] La faute peut également être constituée en cas de violation par le sportif de l'obligation de s'abstenir de toute activité non autorisée pendant la période de suspension de son contrat de travail.

[25] A ce propos, lire (M) PAUTOT, (S) PAUTOT, *les contrats de travail des sportifs*, Presses universitaires du sport, année 2012, p.117.

[26] (E-A) MAGUIP ABANDA, « L'obligation de reclassement en droit du travail camerounais », DEA droit privé, Université de Yaoundé II, Yaoundé, 2009-2010,

[27] (G-G) TSASSE SAHA, *« Le solidarisme contractuel en droit du travail »*, thèse de doctorat PhD endroit privé, Université de Yaoundé II, octobre 2011.

désormais l'accès à l'emploi, tel que consacré par le préambule de la constitution. Le reclassement permet ainsi au droit fondamental de l'accès à l'emploi d'être purgé de toutes formes de discrimination pouvant survenir au cours de l'exécution du contrat du travail.

S'agissant des fondements de cette obligation[28], il convient de constater que, tant le Code du travail camerounais que les textes fédéraux affichent un silence remarquable sur l'obligation qu'a l'employeur de donner à chaque travailleur, un emploi correspondant à ses forces, à son état de santé[29]. Toutefois, la généralisation de cette obligation de reclassement du travailleur victime d'une inaptitude (d'origine professionnelle ou non), a été consacrée par l'article 15 du décret numéro 2018/6233/PM du 26 juillet 2018 fixant les modalités d'application de la loi numéro 2010/002 du 13 avril 2010 portant protection et promotion des personnes handicapées. En effet, au terme de ce texte, *« Tout travailleur du secteur public ou privé, victime d'un handicap susceptible d'entraver la poursuite de l'exercice de son travail habituel, quelle que soit la cause, ne peut être renvoyé de son poste de travail pour raison de son handicap. L'employeur procède le cas échéant, à sa réaffectation à un poste compatible à sa déficience ou à l'adaptation de son poste de travail »*. L'idée qui y ressort est que, lorsqu'à la suite dn accident ou d'une maladie d'origine professionnelle ou non professionnelle, le travailleur subit une réduction de ses capacités à titre définitif, l'employeur a le devoir de lui proposer un emploi qui peut

---

28 Cette obligation trouve un fondement international au travers la convention 159 de l'OIT qui ressort en substance que : « Tout membre devra … formuler, mettre en œuvre … une politique nationale concernant la réadaptation professionnelle et l'emploi des personnes handicapées. Ladite politique devra avoir pour but de garantir que des mesures de réadaptation professionnelle appropriées soient accessibles à toutes les catégories de personnes handicapées et de promouvoir les possibilités d'emploi des personnes handicapées sur le marché libre du travail … Ladite politique devra être fondée sur le principe d'égalité de chance entre les travailleurs handicapés et les travailleurs en général. L'égalité de chances et de traitement entre les travailleurs handicapés et les travailleuses handicapées devra être respectée … Les autorités compétentes devront prendre des mesures en vue de fournir … des services d'orientation professionnelle, de formation professionnelle, de placement, d'emploi, et autres services connexes destinés à permettre aux personnes handicapées d'obtenir et de conserver un emploi et de progresser professionnellement … Des mesures devront être prises pour promouvoir la création et le développement des services de réadaptation professionnelle et d'emploi pour personnes handicapées dans les zones rurales et les collectivités isolées... ».

29 Le législateur français en a fait une véritable obligation qui pèse sur l'employeur. En effet, selon la loi Du 31 décembre 1992 qui est désormais inscrite dans le code du travail français, « si le salarié est déclaré inapte à reprendre l'emploi qu'il occupait précédemment, l'employeur est tenu de lui proposer un autre emploi approprié à ses capacités… et aussi comparable que possible à l'emploi précédent ».

relever d'une catégorie inférieure, mais qui correspond à sa capacité constatée par un certificat médical de reprise de travail.

Au Cameroun, la question du reclassement semble ne pas être connue dans le milieu sportif. La réalité à laquelle les sportifs professionnels font face au plan national dénote d'une large méprise de la loi étatique par les acteurs du mouvement sportif. Il demeure vrai que, aucun club ne saurait se soustraire à cette obligation sous prétexte du silence notoire des lois fédérales sur la question. Il s'agit en effet de la prise en compte de la dignité humaine dans les rapports de travail. La France semble plus avancée sur la question. En effet, d'après la législation, si le sportif est déclaré inapte à l'issue de la visite de reprise, l'employeur doit, avant de procéder au licenciement faire une proposition de reclassement. Cette proposition doit être faite en toute loyauté, c'est-à-dire, le club ne doit pas proposer un poste dont le revenu est en dessous du SMIG[30]. La proposition de reclassement doit en outre contenir des postes disponibles comparables ou, à défaut, les emplois correspondants aux nouvelles aptitudes du sportif. Le milieu sportif camerounais gagnerait à s'arrimer à la législation nationale, qui fait dans la plupart de son architecture juridique obligation aux entreprises à envisager le reclassement des travailleurs victimes de handicap, comme un levier garantissant le droit d'accès à l'emploi, et un moyen de contribution à la sauvegarde de l'équilibre social.

B. Un régime assurantiel garantissant la protection du patrimoine sportif

L'enjeu en cas d'accident du travail survenu à l'occasion de la pratique sportive ne se limite pas uniquement au bouleversement de la carrière. Bien d'autres éléments gravitant autour du sportif se trouvent être menacés, c'est le cas du patrimoine du sportif. Face à cette situation, il devient urgent et nécessaire d'associer à la règlementation du travail qui s'avère parfois insuffisante, des instruments issus d'autres branches du droit, afin d'octroyer au sportif, une meilleure protection de son patrimoine. C'est dans cette optique qu'il est fait recours aux techniques assurantielles lesquelles consistent en la mise en place un système de double couverture afin de surmonter la réalisation du risque financier (1), et un système garantissant la réalisation du risque sportif (2).

---

[30] (J-R) COGNARD, *les contrats de travail dans le sport et l'E-sport*, juris édition Dalloz, 2ème édition, mars 2022, p.122.

1. La mise en place d'un système de double couverture afin de surmonter la réalisation du risque financier

La réalisation du risque financier est couverte à la fois par l'assurance de la CNPS, et la souscription des polices d'assurances auprès des compagnies d'assurances privées.

Le fondement du recours à la sécurité sociale dans le domaine sportif tient lieu de l'existence d'un contrat de travail passé entre le club et le sportif. En effet, d'après la loi régissant la sécurité sociale au Cameroun, *« Sont assujettis au régime de pensions institué par la présente loi, tous les travailleurs visés à l'article 1er du Code du travail, exerçant leur activité professionnelle au Cameroun sous la direction et l'autorité d'une autre personne physique ou morale, publique ou privée, moyennant une rémunération dont ils tirent leurs moyens normaux d'existence. »*[31]. Les clubs de sports n'échappent pas à cette exigence dans la mesure où, ces derniers emploient les sportifs contre rémunération et qui exercent leurs prestations sous l'autorité et la direction desdits clubs. Comme dans le droit commun, l'intervention de la sécurité sociale dans le sport a pour but de garantir au sportif les pertes subies de par la pratique de leur activité[32]. Plus précisément, elle vise à garantir les risques financiers pouvant survenir à la suite d'un accident de travail[33]. L'importance de la sécurité sociale à travers la branche des Accidents de Travail (AT) se démontre à deux niveaux. Premièrement, pendant la période de suspension du contrat de travail du sportif, ou période d'incapacité temporaire pour cause de maladie professionnelle ou accident de travail par l'octroi au sportif professionnel salarié, des revenus de substitution encore appelés Indemnité Journalière[34].

[31] Confère article 2 de la loi N° 69/LF/18 DU 10 NOVEMBRE 1969 Instituant un régime d'assurance de pensions de vieillesse, d'invalidité et de décès.

[32] L'objet de la garantie étant le risque financier.

[33] Il convient de préciser que le régime général et obligatoire de la sécurité sociale au Cameroun couvre trois principales branches, la branche des prestations familiales dont le but de couvrir le risque de naissance. En effet, elle octroi au salarié, une aide compensant partiellement les dépenses engagées pour la subsistance et l'éducation des enfants ; la branche des accidents de travail et des maladies professionnelles. Cette branche vise à compenser les pertes financières, physiques, subits à la suite des accidents de travail ; la branche des pensions vieillesse et invalidité décès quant à elle a pour but de couvrir le risque de vieillesse.

[34] L'Indemnité Journalière fait partir de la catégorie des prestations en espèces versées accordées au travailleur par la CNPS. Elle est considérée comme un revenu de remplacement qui est dû à la victime d'un accident de travail ou d'une maladie professionnelle pendant toute la durée de l'arrêt du travail. Cette période court du lendemain du jour de la survenance de l'accident du travail ou de la constatation médicale de la maladie professionnelle, sans distinction des jours ouvrables, des dimanches et jours fériés et cela jusqu'à la date soit de la guérison complète, de la

Deuxièmement, après la consolidation par le versement soit, d'une rente d'incapacité permanente[35] partielle ou totale au travailleur après la reprise du travail[36], ou alors par le versement d'une allocation d'incapacité permanente. Ladite rente varie en fonction du taux d'incapacité arrêté par le médecin traitant du salarié ou le médecin conseil de la CNPS.

Pendant toute la période d'indisponibilité du travailleur, le contrat est suspendu, et cette suspension touche également la rémunération du travailleur. Ce dernier perçoit un revenu de substitution versé par la CNPS, et appelé Indemnité Journalière (IJ). Conformément à l'article 18 alinéa 1 de la loi n° 77-11 du 13 juillet 1977 portant réparation et prévention des accidents du travail et des maladies professionnelles, l'IJ est versée au travailleur pendant toute la période de suspension du contrat pour cause d'invalidité. Elle s'ouvre à compter du lendemain de la survenance de l'accident ou de la maladie professionnelle jusqu'à la consolidation. Ce montant ne peut être versé qu'à la condition que le travailleur ait effectivement arrêté toute activité salariale. D'après l'al. 3 de l'art 21 de la loi sus évoquée, *« le montant de cette indemnité journalière est égal aux deux tiers de la rémunération journalière de la victime. Celle-ci est obtenue en divisant la rémunération moyenne mensuelle »*.

Le travailleur bénéficie également d'une indemnité après la consolidation. Cette indemnité varie en fonction du taux d'incapacité dont est victime le travailleur. En effet, d'après l'article 23 de la même loi, *« en cas d'incapacité permanente totale, la victime a droit à une rente d'incapacité totale d'un montant mensuel égal à quatre-vingt-cinq pour cent (85%) de sa rémunération mensuelle moyenne ; cette rémunération est la moyenne arithmétique de salaire… »*. Bien que ces indemnités versées au travailleur semblent être insuffisantes, on note les efforts du législateur marqué par son désir de maintenir le sportif dans la continuité d'un train de vie décent que lui conférait la pratique de son travail. La particularité de la pratique sportive permet aux acteurs de souscrire auprès des sociétés d'assurance des polices d'assurances couvrant les mêmes risques financiers.

---

consolidation de la blessure, de la reprise du travail ou éventuellement du décès du travailleur, lorsque ce décès survient avant la reprise du travail.

[35] La rente d'incapacité permanente est due à la victime d'un accident du travail ou d'une maladie professionnelle dont le taux d'incapacité permanente dûment approuvé par le Médecin conseil de la CNPS est au moins égal à 20%. Si ce taux est égal à 100%, la victime a droit à une rente d'incapacité permanente dite rente d'incapacité permanente totale, si ce taux est au moins égal à 20% et inférieure à 100%, la victime a droit à une rente d'incapacité permanente dite rente d'incapacité permanente partielle.

[36] Alinéa 1 et 2 de l'article 16 de la loi n° 77-11 du 13 juillet 1977 portant réparation et prévention des accidents du travail et des maladies professionnelles.

La souscription à des polices d'assurances en milieu sportif a donc pour but de couvrir des risques financiers. Elle joue un rôle très important dans la mesure où elle vise à sécuriser l'énorme investissement effectué par les clubs. A la base, cette assurance visait à prémunir les clubs contre les pertes d'exploitations, au travers les pertes de recette et frais financiers. Cette assurance a été orientée sur la personne du sportif qui constitue en quelque sorte la matière première dans le sport. Il s'agit donc de la garantie du capital joueur. Le risque couvert est la perte de licence. Ce type d'assurance peut être souscrite à la fois par le club, ou le sportif lui-même, et correspond à la prévoyance. La prime perçue en cas de réalisation du risque a pour but de compenser la suspension temporaire ou définitive du revenu de l'athlète. Il convient de noter que le contrat perte de licence vise tous les accidents pouvant survenir en quelque lieu que ce soit, dans le cadre de l'activité sportive proprement dite ou dans le cadre de la vie privée[37]. Toutefois, ce type de contrat contient généralement les clauses destinées à exclure les accidents résultant de la pratique d'activités dangereuses conventionnellement déterminées ou le résultant de l'usage des produits dopant.

2. La mise en place d'un système garantissant la réalisation du risque sportif

L'alliance entre assurance et sport repose autour de deux notions communes et incontournables à savoir, l'aléa et le risque. Est considéré comme risque sportif, « le risque de dommages corporels ou matériels résultant d'un évènement survenu au cours ou à l'occasion de la pratique du sport ». Cette définition renvoie aux dommages corporels résultant de l'activité sportive. En effet, en cas de réalisation du risque sportif, deux types d'assurance permettront d'indemniser les victimes. Il s'agit de l'assurance de responsabilité civile et l'assurance contre les accidents corporels. Tout compte fait, ces deux assurances visent à protéger le sportif contre les dommages corporels qu'il aurait subi au cours de l'activité sportive, ou même dans le cadre de la vie privée. A ce titre, il convient de préciser que, le corps du sportif est considéré comme un élément de son patrimoine, et constitue le moyen par lequel ce dernier se créait des sources de revenus.

---

[37] Il convient de noter que, une différence existe entre l'assurance sociale telle que conçue par la CNPS, et l'assurance perte de licence telle que gérée par les assureurs privés. Cette différence résulte exclusivement en la non prise en compte par la CNPS, des accidents survenus lorsque le travailleur se trouve en dehors du lien de subordination. Il s'agit des accidents survenus lorsque le travailleur mène une activité non dangereuse de la vie courante.

L'assurance de responsabilité civile trouve son fondement dans l'article 1382 du code civil qui dispose que, « Tout fait quelconque de l'homme, qui cause à autrui un dommage, oblige celui par la faute duquel il est arrivé, à le réparer ». Il s'agit donc de couvrir les fautes pour lesquelles un sportif se serait rendu coupable envers un autre. A cet effet, la loi régissant le sport au Cameroun fait obligation aux fédérations sportives de souscrire à des polices d'assurances couvrant les risques auxquels leurs adhérents sont exposés. En application de cette disposition, l'alinéa 1 de l'article 22 des règlements généraux de la FECAFOOT, prévoit « un régime obligatoire d'assurance concernant les clubs, les joueurs et les dirigeants, les entraîneurs et les arbitres qui est lié à la signature des licences ». L'alinéa 2 du même article dispose que, « en ce qui concerne les joueurs et entraîneurs sous contrat, les clubs sont tenus de souscrire une police d'assurance responsabilité civile professionnelle, sous peine de l'application à ses dirigeants par l'organe disciplinaire concerné, de l'une des sanctions prévues par les Statuts de la FECAFOOT ». Sont donc couvert par cette assurance tous les dommages consécutifs à l'accomplissement des activités couvertes par le contrat d'assurance, parmi lesquels, on peut citer les dommages corporels, autrement dit toute atteinte à l'intégrité physique de la personne. Le but étant donc de garantir la prise en charge totale et efficace d'un sportif victime d'un dommage corporel au cours de son travail.

L'assurance contre les accidents corporels est un contrat d'assurance obligeant l'assureur, moyennant prime, à payer une somme forfaitaire en cas d'accident survenu à l'assuré pendant la période garantie. Elle ne fait pas partir des assurances obligatoires, et repose essentiellement sur la liberté contractuelle. Tout athlète est donc libre de souscrire auprès d'une compagnie d'assurance de son choix, une assurance couvrant les risques pouvant survenir lors de la pratique de son activité ou en dehors de l'activité. Cette assurance revêt une grande importance pour les sportifs, dans la mesure où elle englobe même les accidents n'ayant aucun lien avec le travail du sportif. A cet effet, elle offre de meilleure garantie que celle de la prévoyance sociale gérée par la CNPS, et constitue en outre un véritable complément.

Malgré ces multiples efforts du législateur, on note des entraves à une véritable protection du sportif victime d'inaptitude.

II. Les entraves à la mise en application des mesures d'assistance au sportif victime d'inaptitude

Les entraves liées à la mise en application des mesures d'assistance au sportif victime d'inaptitude se justifie par l'inadaptation desdites mesures d'assistances à la réalité sportive (A). Rien n'est perdu d'avance, étant donné qu'il existe une possibilité de les renforcer (B).

A. L'inadaptation des mesures d'assistance mis en place par le législateur social à la réalité sportive

Ceci se traduit par la violation du temps du travail (1) d'une part, et d'une prise en charge insuffisante par l'organisme de sécurité sociale (2) d'autre part.

1) La violation du temps du travail

Comme toute activité salariée, le sport professionnel est soumis à un horaire hebdomadaire de travail, dont la durée est fixée par la loi[38]. Les calendriers sportifs définis par les fédérations sportives ou les ligues professionnelles sont une contrainte qui s'impose à tous les clubs d'une discipline considérée, et qui exige par la suite que la durée et le temps de travail des salariés, ainsi que leurs temps de repos soient adaptés à ce calendrier par le biais de la modulation[39]. La planification des heures de travail sont généralement effectuées au travers des conventions collectives ou des accords d'établissement propre à chaque secteur d'activité. En cas d'absence de ces instruments juridiques comme c'est le cas dans le milieu sportif camerounais, les dispositions du code du travail sont immédiatement applicables et s'imposent dans leur totalité, sous réserve de la modulation du fait du calendrier de compétition arrêté par les fédérations.

Le temps de repos accordé au sportif salarié a pour objectif d'assurer une meilleure préservation de sa santé et de sa sécurité, ce qui explique qu'ils soient fortement encadrés, d'autant plus que le travail du sportif consiste essentiellement en une activité physique intense, source de blessure. Ce temps de repos est essentiellement organisé par les articles 80 et suivants du code du travail. En effet, Les travailleurs ont droit aux périodes de repos obligatoires qui comprennent :

---

[38] **Conformément à l'article 80 alinéa 1 du code du travail, *« Dans tous les établissements publics ou privés non agricoles, la durée de travail ne peut excéder quarante (40) heures par semaine »*.**

[39] La modulation est une technique juridique qui permet d'adapter le temps de travail du personnel aux variations de l'activité de l'entreprise, les horaires de travail pouvant varier d'une semaine à l'autre, pour peu que sur la période de référence considérée, il respecte le temps légal prévu par la loi. Cf. lexique des termes juridiques, 12ème édition.

Le repos hebdomadaire qui est pris le week-end, de préférence le dimanche.
Les jours fériés qui comprennent les fêtes légales civiles et religieuses : 1er janvier, 11 février, 1er mai, 20 mai, vendredi saint, fête du Ramadan, etc.
Les permissions exceptionnelles d'absences payées : elles sont limitées à 10 jours par an en raison de 03 jours pour le mariage du travailleur, 03 jours pour l'accouchement de l'épouse du travailleur, 03 jours pour le décès d'un parent et 1 jour pour le mariage d'un enfant du salarié.
Les permissions exceptionnelles d'absence non payées : elles sont limitées à 18 jours par an.

Les clubs sont tenus de se conformer au calendrier des compétitions. Dans cette situation, les sportifs ont l'obligation de participer aux compétitions, ainsi qu'aux entrainements programmés par le club, rendant ainsi difficile le respect du droit au repos du sportif.

L'accumulation de l'effort physique, sans toutefois se soucier du repos entraine un développement de certains traumatismes chez le sportif qui sont généralement cause de nombreuses blessures pouvant conduire à un arrêt prématuré de la carrière par le sportif.

2) Une prise en charge insuffisante par l'organisme de sécurité sociale

Cette prise en charge insuffisante se traduit par une assimilation du risque sportif au risque d'accident du travail de droit commun d'une part, et d'autre part par l'inadéquation de la réparation accordée par la CNPS face à la réalité sportive.

S'agissant de l'assimilation du risque sportif au risque d'accident de travail de droit commun, la loi organisant la sécurité sociale au Cameroun ne fait aucune distinction entre le travailleur de droit commun, et le sportif salarié[40]. On aurait tendance à croire qu'au moment de sa rédaction, le statut de travailleur n'était pas reconnu aux sportifs, pourtant depuis fort longtemps, il a toujours existé les éléments

40 Cette absence de distinction constitue en soi une dangerosité pour le sportif dans la mesure où, le sportif sera soumis aux mêmes règles telles que prévues par les lois et règlements en vigueurs. Pourtant il est nécessaire d'adopter lesdites règles au contexte sportif avant qu'elles ne soient opposables aux associations sportives et leurs membres. (C'est le cas de la modulation). La première marque d'adaptation partira à cet effet, d'une appréhension des deux catégories de travailleur, pris dans leur environnement respectif.

d'une relation de travail complète entre les sportifs et leurs clubs[41]. Depuis la reconnaissance de qualité de salarié à certains sportifs[42], les clubs de sports sont désormais soumis au régime général et obligatoire de la sécurité sociale tel que défini par les textes en vigueur. Malgré une absence de la prise en compte de l'activité sportive dans le cadre de la couverture de la CNPS. Le corpus législatif organisant la prévoyance sociale au Cameroun n'inclut pas dans son portefeuille le sport. Il s'intéresse uniquement aux risques professionnels survenus dans un cadre externe au sport, à savoir les risques industriels[43]. Pourtant, on ne saurait nier que de toutes les formes d'activités, le sport regorge le plus grand nombre d'accident de travail, mais malheureusement, la prévention des risques sportifs ne figure dans aucune politique de prévention mise en œuvre que ce soit par l'Etat ou la CNPS. Cet état de chose contraint donc l'organisme en charge de la sécurité sociale à accorder au sportif en cas d'accident de travail la même prise en charge que celle accordée au travailleur de droit commun.

Cette indifférence vis-à-vis du risque sportif entraine donc son assimilation aux accidents de travail de droit commun, plaçant le sportif dans une situation doublement défavorable. En effet, les blessures survenues à l'occasion de la pratique du sport sont généralement plus importantes que ceux couvertes par l'assurance des accidents de travail. Ceci pourrait expliquer le recours par les acteurs du milieu sportif à l'assurance privé, afin de renforcer la prise en charge dont ces derniers pourraient recevoir de la CNPS, car cette assimilation conduit à une minimisation considérable de la gravité des dommages subis au cours de la pratique sportive.

Si déjà la CNPS a du mal à gérer ses assurés sociaux ordinaire, avec les différents cas de rechute qui peuvent survenir, les dépenses médicales qui ne cessent de croître de façon spectaculaire par les montants d'indemnisations colossaux, avec les cotisations qui ne suivent pas

---

[41] Il est vrai que la professionnalisation du sport au Cameroun est arrivée sous l'égide de loi de 2011 portant organisation et promotion des activités physiques et sportives. Avant cette loi, le statut de travailleur n'était pas reconnu aux sportifs, étant donné qu'on reconnaissait au sport son enjeu naturel, qui est le jeu. Il n'était donc pas question de rémunéré un individu à qui on octroyait un cadre idéal pour son jeu.

[42] Cette précision est importante parce que, de tous les sportifs, seuls ceux effectuant un sport collectif sont liés à leur club par des contrats de travail. Les autres, à savoir les sportifs individuels tels que ceux pratiquant le tennis, les sports de combat, les athlètes…etc sont classés dans la catégorie de sportif individuel, et ne sont par conséquent pas soumis au régime de sécurité sociale. Ils ont la possibilité de s'affilier auprès de la CNPS sous l'angle de l'assurance volontaire.

[43] X) AUMERAN, La protection sociale du sportif salarié, ibidem, p.182.

toujours le pat[44], on imagine bien la situation qui adviendra si une prise en charge effective devait être effectuée sur le sportif. Il est vrai que, malgré le silence des textes applicables aux assurés sociaux sur la question de la prise en charge du sportif salarié, ces derniers ont la possibilité d'être géré par la CNPS[45], de par leur qualité de travailleur, qui leur ouvre droit au bénéfice des mêmes taux que le reste. Toutefois, l'absence de précisions les concernant, à savoir l'absence d'une démarche préventive et de prise en charge adaptées à l'environnement sportif, démontre toute l'inefficacité des dispositions légales visant à prévenir les risques professionnels auxquels ils sont soumis, rendant à cet effet, difficile l'accompagnement du sportif victime de handicap dans sa résilience par le législateur social.

Pour ce qui est de l'inadéquation de la réparation accordée par la CNPS face à la réalité sportive, il convient de préciser que, la gestion légale des risques professionnels, ne se confine pas uniquement dans le seul sens de l'indemnisation. Elle a également une logique préventive. La prévention a en effet pour principal but, de réduire au maximum la réalisation du risque professionnel. En cas de survenance, le mécanisme de tarification est donc un vecteur d'appréciation de l'efficacité de la prise en charge, ou de l'accompagnement des sportifs salariés en cas d'accident de travail. L'indemnisation du sportif salarié est donc proportionnelle au taux de cotisation versé par les clubs. En effet, l'activité sportive pourrait être classée dans la rubrique des activités à risque élevé, appartenant à la catégorie C prévue par la loi en vigueur[46], à cause de la constante exposition des sportives aux accidents et aux blessures. C'est ce qui a fait dire à une certaine doctrine que le sportif est

---

44 (J) KOM, « la rechute après la maladie du travailleur », in (J-M) TCHAKOUA, *les grandes décisions du droit du travail et de la sécurité sociale*, JusPrint, 2016, p.833-840.

45 Ce fut l'objet de la signature de la convention tripartite entre la CNPS, la FECAFOOT et le MINSPORT. Cette convention avait pour but de permettre aux footballeurs d'être affiliés à la CNPS, et de bénéficier le cas échéant aux différentes prestations servies par l'organisme.

46 Au terme de l'article 8- (1) du décret n0 2016/072 du 15 février 2016 fixant les taux des cotisations sociales et les plafonds des rémunérations applicables dans les branches des prestations familiales, d'assurances-pensions de vieillesse, d'invalidité et de décès, des accidents de travail et des maladies professionnelles gérés par la caisse nationale de prévoyance sociale, « les taux des cotisations sociales dues à la Caisse Nationale de Prévoyance Sociale au titre des accidents de travail et des maladies professionnelles sont fixées en fonction du groupe de risques de la manière suivante :
- 1,75% du salaire pour le groupe A (risque faible).
- 2,5% du salaire pour le groupe B (risque moyen).
- 5% du salaire pour le groupe C (risque élevé).

un blessé à répétition[47]. Au regard du taux légal de prise en charge accordée par l'organisme de sécurité sociale, il est clair que la réparation effectuée à l'endroit du sportif est donc clairement limitée. Cette limitation provient de l'absence de base légale organisant la prise en charge des sportifs. L'un des plus gros problèmes constitue la violation de l'obligation de sécurité sociale par le club. La plupart des clubs ne déclarent pas les sportifs qu'ils alignent auprès de la CNPS. Bien plus ils ne sont pas localisables, afin de permettre à l'organisme d'effectuer des contrôles, le cas échéant, des redressements contre ces derniers. Il devient donc de plus en plus urgent de proposer à l'activité sportive, une couverture sociale en adéquation avec son contexte.

B. Un renforcement possible des mesures d'assistance au sportif victime d'inaptitude

Ce possible renforcement passe par l'élaboration en amont des règles assurant la prévention et la prise en charge des risques des accidents de travail (1), et la prise en compte de l'émergence d'un nouveau risque social (2).

1. L'élaboration en amont des règles assurant la prévention et la prise en charge des risques de handicap

La prévention dont il est question ici, renvoie à la prise en compte effective du rôle de l'inspecteur du travail dans le contrôle des mesures d'hygiène et de sécurité dans les clubs, et de l'inscription dans le tableau des maladies professionnelles, des maladies liées à la pratique sportive.

L'importance de l'intervention de l'inspecteur du travail dans le contrôle des activités des entreprises se fonde sur le besoin par l'Etat de veuillez au respect de la législation du travail tant par l'employeur que par les salariés. En effet, L'article 3§ de 1a de la Convention n° 81 de l'OIT dispose que, l'inspecteur du travail sera chargé *« d'assurer l'application des dispositions légales relatives aux conditions de travail et à la protection des travailleurs dans l'exercice de leur profession, telles que celles relatives à la durée du travail, aux salaires, à la sécurité, à l'hygiène et au bien-être, à l'emploi des enfants et des adolescents »*. Cette convention a étendu le champ d'intervention de l'IT qui, à l'époque, était confiné dans le rôle de protection des mineurs dans le domaine de l'hygiène, de la sécurité et de la règlementation du travail des femmes et des enfants.

---

47 (P) YONNER, (V) CHAUDEL, (M) FERAUD-COURTIN, « Le sportif d'élite de demain, un produit de la société certifié conforme ? », in (F) NICOLLEAU, où va le sportif d'élite ? Dalloz, coll. Presaje, 2006, p.27.

Envisagé l'intervention de l'IT dans le domaine du sport se révèle être salvateur dans la mesure où, il en ressortira une garantie du respect de la législation en matière sociale au sein des clubs. A ce propos, l'article 108 alinéa 1c du code du travail dispose que : « *Les inspecteurs du travail, munis des pièces justificatives de leurs fonctions, sont autorisés… à procéder à tous examens, contrôle ou enquêtes jugés nécessaires pour s'assurer que les dispositions légales et réglementaires en vigueur sont effectivement observées et notamment* ». En l'état actuel des choses, le monde du sport connait une violation des règles manifeste de droit du travail, lesquelles contribuent à accentuer les risques d'accident de travail. Il s'agit en effet des règles relatives à la durée du travail, les règles relatives à l'obligation de surveillance médicale, les règles relatives à l'hygiène et la sécurité au travail. Le code du travail lui confère, dans le cadre de l'accomplissement de ses missions, des instruments pouvant permettre de dissuader les personnes intéressées par la méprise des textes. Il a la possibilité de recueillir par procès-verbal, toutes les infractions qu'il aurait constatées, et éventuellement, poursuivre les clubs auteur de ces violations[48].

Les fédérations sportives gagneraient à renforcer le rôle de l'IT dans les compétitions sportives, afin de veiller à la régularité de la relation existante entre les clubs et les sportifs. Le contrôle de cette régularité contribuerait non seulement, à limiter fortement le risque d'accident de travail survenu à l'occasion du sport, et faciliterait également la prise en charge sur le plan de la sécurité sociale en cas d'accident de travail. En outre, ce fonctionnaire détient tous les instruments nécessaires, tant sur le plan de la formation que sur le plan des mécanismes dissuasifs.

La première condition pour la prise en charge en cas de maladie professionnelle, c'est l'inscription de ladite maladie dans le tableau des maladies professionnelles. A côté de l'accident de travail, le sportif est également susceptible d'être victime d'une maladie professionnelle. Par définition, elle n'a pas pour origine un évènement soudain comme c'est le cas pour l'accident, devant permettre de la rattacher au travail de la victime. Toute la difficulté réside donc dans la distinction entre la maladie de droit commun et la maladie professionnelle. La loi de de 77 sur la réparation et la prévention des accidents de travail prévoit deux critères d'identification des maladies professionnelles. Celle inscrite dans le tableau des maladies professionnelles, laquelle bénéficie d'une

[48] Cf. **Article 109.-** (1) Les inspecteurs du travail peuvent constater, par procès-verbal faisant foi jusqu'à la preuve contraire, les infractions aux dispositions de la législation et de la réglementation du travail. Ils sont habilités à poursuivre directement en justice, devant la juridiction compétente, tous les auteurs d'infractions aux dispositions de la présente loi et des textes pris pour son application.

présomption de maladie professionnelle. Le second critère est la reconnaissance de la maladie professionnelle par la Commission Nationale d'Hygiène et de Sécurité du Travail. La même loi donne les cas dans lesquels la maladie peut être reconnue d'origine professionnelle par la Commission, cf. article 4 de la loi de 77.

Au regard de ces deux critères, on pourrait penser à un désintéressement de la législation sur la question des maladies relevant de l'activité sportive. En cas de maladie, le travailleur court le risque d'être écarté de la prise en charge prévue par la législation en vigueur, traduisant en effet une énorme violation au droit d'accès aux soins de santé, qui a une valeur constitutionnelle, et attaché aux droits humains. Une modification législative s'impose afin de mettre un terme à ce déséquilibre.

L'inscription de ces maladies liées au sport dans le tableau des maladies professionnelles permet d'éviter l'énorme contentieux de la preuve du lien de causalité, dans la mesure où sa présence dans le tableau justifie d'office le lien de causalité. Ainsi, la prise en charge peut facilement être envisagée, et réduira par conséquent les charges du club. En effet, l'obligation de solidarité et de paternalisme contraint normalement les employeurs à effectuer une prise en charge des salariés victimes d'accident de travail ou de maladie professionnelle, tout au moins en procurent des premiers soins. L'exclusion de l'intervention de la CNPS laisse planer sur le club l'obligation de prendre en charge, car si l'accident est survenu, c'est du fait de l'employeur. C'est le champ de la responsabilité sans faute en droit du travail[49].

Il serait important de mettre sur pieds un cadre de concertation entre la médecine du sport, la médecine du travail et la Commission Nationale d'Hygiène et de Sécurité du Travail afin d'élaborer un cadre adapté à la prise en charge efficace et effective des sportifs victimes de maladie liée au sport. La finalité de cette concertation doit être le recensement des maladies liées au sport, et leur inscription dans le tableau des maladies professionnelles, ainsi que l'extension de l'assiette de compétence de la Commission. Cette tâche accomplie sera le signe d'une bonne justice rendue pour les sportifs salariés qui ne bénéficient pas déjà d'un statut véritablement défini. Il va sans dire que, le renforcement de l'assistance au sportif victime de handicap, passe également par l'émergence d'un nouveau risque social.

[49] (J) DJUIKO, Accident du travail, étude comparée des obligations de l'employeur en droit camerounais et français, id. p71.

2. La prise en compte de l'émergence d'un nouveau risque social

Il s'agit tout simplement de classer les risques liés au sport dans la catégorie de risque social, entrainant la création d'une nouvelle branche spéciale adaptée au sport, laquelle sera le fruit d'une mutualisation par une intervention tripartite.

Recommander la considération du risque sportif comme risque social est révélatrice d'une source d'inquiétude. Cette inquiétude pouvant être justifiée au regard du contexte dans lequel se déroule la compétition sportive, et la gestion des rapports entre les parties prenantes dans le cadre de la sécurité sociale du sportif[50]. Sans toutefois avoir un avis tranché sur la question, sans être optimiste ou pessimiste, il demeure certains, qu'objectivement, la classification du risque sportif dans la catégorie du risque social permettrait d'effectuer une meilleure prise en charge des sportifs.

Le risque social est donc un ***« évènement éventuel, incertain, dont la réalisation ne dépend pas exclusivement de la volonté des parties, et pouvant causer un dommage »***[51]. Il peut également être appréhendé comme étant un ***« évènement susceptible de supprimer ou de diminuer la capacité de gain d'un assuré social, ou encore d'augmenter ses charges et dont les conséquences sont palliées par la sécurité sociale »***[52]. Deux éléments se cachent donc derrière l'idée de risque social. Tout d'abord, il y'a un caractère d'imprévisibilité, et par la suite, la survenance d'un dommage que causerait la réalisation de ce risque. C'est à ce stade que le risque social prend toute sa pertinence, car le dommage subi doit avoir un impact direct sur la vie sociale de la victime, à savoir, la perte de l'emploi à la suite de la réalisation du risque, la diminution du gain… bref, il doit affecter négativement la vie sociale de l'assuré. D'aucun pencherait à la thèse d'une application directe de la législation en matière de sécurité sociale au milieu sportif. Cette hypothèse, bien qu'envisageable soulève une complication, celle de la confrontation de l'ordre public du travail face à

---

[50] En l'état actuel des choses, il n'existe pas de véritable lien entre les acteurs du milieu sportif, et l'organisme en charge de la sécurité sociale au Cameroun. On aurait tendance à croire que la question de la sécurité sociale des joueurs ne fait pas partir des préoccupations dans le milieu sportif, pourtant, elle est d'une importance capitale pour le sportif, dans la mesure où elle permet d'éviter une rupture dans la vie sociale de ce dernier à la suite de la réalisation du risque sportif, en lui permettant de maintenir le cap d'une vie décente que lui conférait son activité.

[51] Lexique des termes juridiques, 12ème édition, Dalloz.

[52] Lexique des termes juridiques, 12ème édition, Dalloz.

l'ordre public du sport[53]. Il est pourtant impératif une conciliation entre ces deux ordres publics afin de penser à un mariage heureux applicables aux sportifs[54].

L'essentiel des règles applicables au contrat de travail des sportifs professionnels est issu du droit commun, c'est-à-dire des textes en matière sociale. Il en va ainsi des règles relatives à la santé et à la sécurité au travail, l'exécution du contrat de travail, la prise en charge des salariés en cas de réalisation d'un risque professionnel. Toutefois, la spécificité de l'activité sportive justifie le recours à des règles particulières, lesquelles sont contenues dans la législation en matière sportive[55]. Cette particularité est justifiée par le caractère atypique des emplois sportifs, ***« dans la mesure où le droit du travail comme celui de la protection sociale peuvent difficilement, étant conçus pour un modèle de travailleur identifié par l'ouvrier d'usine, se déployer dans le sport sans une des adaptations et même sans remettre en cause des notions essentielles »***[56], et inversement, ce qui justifie donc la nécessité d'une adaptation de la notion du risque social tel qu'il est actuellement conçu, aux particularités de l'activité sportive afin de mettre sur pieds une branche spéciale de sécurité sociale dédié au sport, et dont la gestion pourrait être confiée à la CNPS[57]. Cette adaptation permettrait aux sportifs salariés d'avoir une meilleure prise en charge répondant au contexte sportif. La survie de cette branche pourrait être possible par une mutualisation grâce à une intervention tripartite.

D'après le lexique des termes juridique, la mutualisation, *« consiste en un mouvement social d'importance considérable prenant pour base juridique le système de l'association, avec :*
L'utilisation constante du principe de solidarité et d'entraide, traduit dans la collecte des cotisations ;
La recherche désintéressée de la prévoyance et de l'assurance au profit des adhérents… ».

---

53 (J-M) COGNARD, *Les contrats de travail dans le sport et l'E-sport*, ibid. p22.

54 En effet, l'application des règles fondamentales issues du mouvement sportif se heurtent parfois aux principes fondamentaux du droit du travail.

55 Textes issus du mouvement sportif et ceux externes au mouvement sportif à l'instar de la loi de 2018 sur le sport au Cameroun.

56 (J) BARTHELEMY, « Le contrat du sportif », JCP S 2008, n°5P31-35, cité par (J-M) COGNARD, *Les contrats de travail dans le sport et l'E-sport*, ibid. p22.

57 Il est vrai que, la création d'un nouveau portefeuille de risque social, et qui sera confié à la CNPS contribuerait à alourdir son activité qui a déjà du mal à être satisfaisante. Cette solution est plus facilement envisageable que la création d'un organisme autonome devant gérer de manière autonome la sécurité sociale des sportifs. Il suffit pour le constater de prendre pour exemple la création d'une caisse d'assurance maladie annoncée depuis des années, et qui jusqu'à présence a l'allure d'un « mort-né ».

Il ressort de cette définition une idée de combinaison des efforts afin de faire face à une situation, qui serait certainement couteuse pour une seule personne. Plus qu'une finalité économique, le but principal de la mutualisation consiste en une action sociale. Autrement dit, elle vise à résoudre un problème précis d'une communauté. La mutualisation du nouveau risque par une intervention tripartite vise la combinaison des efforts grâce à l'intervention de trois forces en présence, à travers le financement de la branche de sécurité sociale dédiée aux sportifs. Il s'agit en effet de l'intervention des clubs de sport, des fédérations sportives, et des entreprises commerciales.

Pour ce qui concerne la contribution des associations sportives, à savoir les clubs et les fédérations sportives au financement du nouveau régime de sécurité social institué pour les sportifs, il convient de préciser que, les clubs sont en quelque sorte les débiteurs naturels et légaux des cotisations sociales des sportifs. Ce sont eux qui emploient les sportifs contre rémunération. A cet effet, deux obligations relatives à la sécurité sociale pèsent sur ces derniers. Premièrement, elles sont tenues, dans un délai de huit jours à compter de l'embauche[58], de déclarer les sportifs nouvellement recrutés auprès de la CNPS, et dans un second temps, ils sont tenus de verser les cotisations sociales dues aux travailleurs au plus tard le 15 du mois qui suit. Le financement du régime de sécurité sociale institué pour les sportifs serait effectif par un contrôle effectué par les fédérations sportives qui joueront le rôle de gendarme. Bien plus, il pourra être crée au sein de ces fédérations, un service qui travaillera en liaison avec la CNPS. Ce service aura pour but d'effectuer les retenues au titre de la CNPS[59], directement sur les subventions versées par les fédérations aux différents clubs. Ces retenues devront ainsi tenir compte de l'effectif du club composé de l'ensemble des athlètes, et les membres du staff technique (dans le football, cet effectif est arrêté à 35 joueurs par clubs appartenant au championnat Elite one et two, et 6 membres du staff technique). Les bilans devront ainsi être dressés par ce service et transmis aux clubs, MINSPORT, Ministère du Travail, les syndicats des sportifs, et à la CNPS. En cas de retenues, et de non versement, les membres de ce service pourront être poursuivis pour détournement des

---

[58] Article 5 et 9 du décret n° 74-733 du 19 août 1974 fixant les modalités d'application de la loi n° 69-LF-18 du 10 novembre 1969 instituant un régime d'assurance pensions de vieillesse, d'invalidité et de décès.

[59] Le taux des cotisations, ainsi que le plafond des salaires côtisables seront arrêtés de commun accord entre le Ministère du Travail, le MINSPORT, la CNPS, les clubs, les fédérations et le syndicat des sportifs.

derniers publics conformément à l'article 184 du code pénal du Cameroun.

Pour ce qui concerne la participation des entreprises commerciales au financement du nouveau régime institué pour le sportif[60], leur intervention sera rangée sous l'angle du financement du sport, à travers le mécénat et le parrainage sportif. En effet, conformément à la loi n° 2003/013 du 22 décembre 2003 relative au mécénat et au parrainage, les entreprises peuvent participer au financement des activités sportives, ces dernières bénéficieront en contrepartie, des aménagements fiscaux. Ce financement pouvant être effectué directement ou être confié à une association, ou à une collectivité territoriale décentralisée[61].

Conclusion

Il n'a pas été aisé de se lancer dans un tel exercice au regard de la sensibilité du domaine. Devrait-on parlé d'un droit social du sport ou d'un droit social adapté ou appliqué au sport? La première acception transmet l'idée d'une construction normative purement à l'initiative des pouvoirs fédéraux. Il est difficilement envisageable, car le droit du sport en lui-même n'a pas finir de se construire afin de penser au développement d'une autre règle de droit autonome liée aux activités qu'elle développe[62]. Le développement des compétitions, la multiplicité des nouveaux enjeux dans le sport ont contraint les acteurs du mouvement sportif, à solliciter l'intervention des règles étrangères (droit étatique) afin de compléter les imperfections et les carences de la règle sportive. L'autre raison se trouve également dans le souci des États à vouloir maintenir leur indépendance face à des associations de droit privé, qui ne sont même pas classé dans la catégorie d'OI[63]. On observe de ce fait une interaction entre les règles de droit étatique et celle du droit du sport[64].

---

60 Des recherches plus approfondies sur la participation des entreprises commerciales sont en cours, et feront l'objet d'une prochaine étude.

61 Art 4 de la loi n° 2003/013 du 22 décembre 2003 relative au mécénat et au parrainage.

62 (J) GATSI, *le droit du sport, « que sais-je ? »*, paris, PUF, 2ème éd, 2007, P.128.

63 (A-F) *FEZE, organisations sportives internationales et souveraineté des états : l'exemple des rapports entre la FIFA, la FECAFOOT et le Cameroun,* mémoire de master 2, université de DSCHANG, 18 avril 2015, p 52-70

64 G. Simon, *puissance sportive et ordre juridique étatique*, paris, Librairie Générale de Droit et de Jurisprudence, 1990, P.430.

Ainsi, il serait donc aisé de parler du droit social appliqué au sport. Cette acception semble être plus adaptée, car les rapports existants entre les clubs et les sportifs sont calqués sur le droit social étatique. D'ailleurs, le footballeur professionnel est considéré comme un travailleur au sens de l'article 1er du code du travail camerounais[65]. Cette reconnaissance est également faite au niveau juridictionnel[66]. Il convient de préciser que, l'application des règles de droit social étatique ne se fera pas de manière automatique, elle passera par une adaptation au contexte et réalité sportive. C'est le cas des questions de règles liées au temps de travail. Cette adaptation obligatoire a pour but d'éviter les conflits entre deux ordres publics distincts.

S'inscrivant à l'ordre de la recherche du jour, la problématique de l'inaptitude semble être très intéressante dans la mesure où, elle met en lumière une conjugaison des efforts des acteurs du milieu sportif et étatique afin de permettre au sportif salarié de sortir de la nouvelle situation dans laquelle il a été plongé à cause de son travail. Il s'agit en effet de protéger le sportif dans toutes ses dimensions, afin que subsiste sa dignité humaine qui est une valeur inaliénable. Cette protection est d'ailleurs au centre du travail décent dans le sport[67]. Il faut le reconnaître, le législateur social camerounais abat des efforts considérables en matière d'assistance aux salariés sportifs victimes d'accident de travail, bien que cette assistance regorge de nombreuses imperfections susceptibles d'être améliorée comme nous l'avons vu plus haut.

Il serait important, afin d'accorder une meilleure protection des sportifs, partant du droit social de reconsidérer l'application automatique du droit social dans le sport. Il serait important de procéder à une adaptation aux réalités sportives afin de parvenir à un véritable droit social du sport prenant en compte toutes les parties prenantes. Ainsi, il

---

65 ***« Est considéré comme "travailleur" au sens de la présente loi, quels que soient son sexe et sa nationalité, toute personne qui s'est engagée à mettre son activité professionnelle moyennant rémunération, sous la direction et l'autorité d'une personne physique ou morale, publique ou privée, celle-ci étant considérée comme "employeur". Pour la détermination de la qualité de travailleur, il ne doit être tenu compte ni du statut juridique de l'employeur, ni de celui de l'employé ».***

66 Le règlement de la CNRL de la FECAFOOT reprend d'ailleurs dans son article 3 ce qui suit ***: « … la CNRL tient également compte de tous les accords, lois, notamment en matière de droit du travail et/ou conventions collectives nationaux ainsi que de la spécificité du sport »***.

67 D. GARDES, L. MINIATIO, « le sportif professionnel exerce-t-il un travail décent », in D. GARDES, L. MINIATIO, L'ETHIQUE EN MATIERE SPORTIVE, presse de l'université de Toulouse 1 capitole, édition lextenso, décembre 2014, P 41-49.

devient donc urgent la mise en place d'un dialogue social sportif, afin de penser à l'élaboration d'une convention collective, compte tenu de l'absence d'un véritable code du sport au Cameroun. La convention collective étant une source du droit du travail, les acteurs pourront y insérer toutes les dispositions renforçant la protection du sportif, car c'est ce dernier qui constitue le moteur du sport, la matière première de l'activité physique et sportive. Cette position part ainsi de l'idée de solidarité dans les rapports sociaux, ainsi que de la responsabilité sociale des dirigeants sportifs.

Il n'est pas perdu de vue qu'il existe un véritable chemin à parcourir, afin de parvenir à un véritable droit social du sport au Cameroun ou à un véritable statut du sportif au Cameroun. Mais l'urgence y est au vu de l'évolution du sport, et de la place du sport dans le développement d'un Etat. Ce sont ces sportifs qui participent en grande majorité au rayonnement des Etats au plan mondial, ainsi, le minimum de reconnaissance serait de leur donner un cadre de travail sécurisé sur tous les plans.

En le faisant, la discrimination qui existe actuellement entre les catégories de travailleurs serait éradiquée, et ce serait justice.

COMMENTAIRE DE JURISPRUDENCE

LA RUPTURE DU CONTRAT DE TRAVAIL D'UN ENTRAINEUR DE FOOTBALL

Gislain Grégory TSASSE SAHA
Maître de Conférences à l'Université de Yaoundé II
Coordonnateur de Recherches au Cabinet d'avocats
NOUYADJAM & ASSOCIATES

Ne constitue pas une juste cause de rupture du contrat d'un entraîneur d'équipe, dans les termes du règlement FIFA sur le statut et le transfert du joueur, la non atteinte de l'objectif prévu au contrat lorsque l'entraineur s'en est suffisamment rapproché. La rupture prononcée dans ces conditions donne droit à diverses réparations, dont le versement au prorata de la prime de qualification prévue au contrat.

Tribunal arbitral du sport (TAS)
Arbitrage Tas 2022/A/9034, Fédération camerounaise de football C/Antonio Conceiçao Da Silva

Membres :

Président : M. Alexander McLin, avocat à Lausanne, Suisse
Arbitres : M. Benoît Pasquier, avocat à Zurich, Suisse
Me Michele A.R. Bernasconi, avocat à Zurich, Suisse Greffier ad hoc : Me Pierre Turrettini, avocat à Genève, Suisse

ENTRE

La Fédération Camerounaise de Football (FECAFOOT), Cameroun Représentée par Me Elie Elkaim et Me Jonathan Bornoz, Avocats à Lausanne, Lausanne, Suisse

La partie requérante et Antonio Conceiçao da Silva, Portugal Représenté par M. Jonás Vallina, avocat à Oviedo, Espagne

La Partie défenderesse.

I. LES PARTIES

1. La Fédération camerounaise de football (l'« appelante » ou la « FECAFOOT ») est une fédération nationale affiliée à la Confédération africaine de football (« CAF »). La fédération nationale affiliée à la Confédération africaine de football (« CAF ») et à la Fédération internationale de football association (« FIFA »), la Fédération Internationale de Football Association (« FIFA »). La FECAFOOT est l'instance dirigeante du football au Cameroun, l'instance dirigeante du football au Cameroun.

2. M. Antonio Conceiçao da Silva (le « défendeur » ou l'« entraîneur ») est un entraîneur de football professionnel né à Maximinos, au Portugal.

II. CONTEXTE FACTUEL

3. On trouvera ci-dessous un résumé des principaux faits et allégations pertinents, fondé sur les observations orales et écrites des parties et sur les documents produits dans le cadre du présent recours. D'autres faits et allégations peuvent être exposés, le cas échéant, dans le cadre de la discussion juridique ultérieure. Bien que le groupe spécial ait examiné tous les faits, allégations, arguments juridiques et preuves soumis par les parties dans la présente procédure, il ne se réfère dans la présente sentence qu'aux soumissions et preuves qu'il juge nécessaires pour expliquer son raisonnement.

4. Le 27 août 2021, le Gouvernement de la République du Cameroun (le Gouvernement), représenté par son Ministre des Sports et de l'Éducation Physique (le Ministre des Sports) et la FECAFOOT, d'une part, et l'Entraîneur, d'autre part, ont signé un contrat de travail (le Contrat) pour un poste d'entraîneur sélectionneur de l'équipe nationale « Les Lions Indomptables » (l'Équipe nationale), valable du 20 septembre 2021 au 19 septembre 2023.

5. La signature du Contrat fait suite à une première relation contractuelle entre les parties, qui a débuté le 4 octobre 2019, et à une lettre du Ministre d'État, Secrétaire Général, du Cameroun au Ministre des Sports confirmant que le Chef de l'État acceptait de prolonger la relation contractuelle de l'Entraîneur.

6. Conformément à l'article 3 para. 1 du Contrat, l'Entraîneur doit notamment :

« Obligations de l'Entraîneur-Sélectionneur

[…] a) Mettre tout en œuvre pour gagner la Coupe d'Afrique des Nations 2021 ou tout au moins atteindre la finale ; b) Qualifier le Cameroun à la phase finale de la Coupe du monde 2022 ; c) Améliorer la place du Cameroun dans le classement FIFA en le hissant au premier rang africain pendant la durée d'exécution du présent contrat ; […] »

7. L'article 3, paragraphe 2, lettre i) du contrat prévoyait également que l'entraîneur devait vivre (« résider ») au Cameroun pendant toute la durée du contrat.

8. L'article 4 du Contrat incluait les obligations du Gouvernement, qui étaient principalement de nature financière et comprenaient notamment les éléments suivants:

« […] Le paiement des rémunérations et avantages convenus conformément aux stipulations du présent contrat ; […] »

9. L'article 5 du contrat comprenait les obligations de la FECAFOOT, qui étaient principalement de nature sportive, à l'exception du paiement de certaines dépenses (frais de voyage, téléphone de service, carte de crédit) et l'obligation de s'assurer du paiement des bonus liés aux jeux.

10. Conformément à l'article 7 du contrat, l'entraîneur avait le droit de recevoir la rémunération suivante :

« Rémunération

1) Outre les avantages prévus aux articles 4 et 5 ci-dessus, les parties conviennent de ce que le salaire mensuel de l'Entraineur-Sélectionneur est 90 000 € (quatre-vingt-dix mille Euros) net d'impôts, taxes et charges sociales.

2) L'Entraineur-Sélectionneur soustrait de la rémunération susvisée, celle des quatre

(4) assistants techniques librement choisit par lui tel que prévu à l'alinéa (4) de l'article

(2). Ainsi, ladite rémunération est repartie ainsi qu'il suit :

3. *l'Entraineur-Sélectionneur : 52 000 € (cinquante-deux mille euros) ;*

4. *l'Entraineur-Adjoint-second : 10 000 € (dix mille euros) ;*

5. *le Préparateur Physique : 10 000 € (dix mille euros) ;*

6. *l'Entraîneur adjoint chargé de la performance : 10 000 € (dix mille euros) ;*

7. *le Coordonnateur Adjoint : 8 000 € (huit mille euros)*

3) La rémunération visée à l'alinéa ci-dessus est virée dans un compte bancaire qui peut être ouvert au niveau local ou à l'étranger et dont les coordonnées sont communiquées aux services financiers compétents du Ministère chargé des Sports. […] »

11. L'article 8 let. c) Du contrat prévoyait que l'entraîneur avait le droit de recevoir un montant de 50 000 EUR en cas de qualification de l'équipe nationale pour la Coupe du monde de la FIFA 2022.

12. Conformément à l'article 9 du Contrat, le Contrat pouvait être résilié par la FECAFOOT et/ou le Gouvernement (« A l'initiative de la FECAFOOT et/ou du MINSEP ») notamment dans les conditions suivantes :

« Résiliation

[…] a) en cas de non-respect de l'une quelconque des obligations de l'Entraîneur Sélectionneur ;
b) En cas de négligence grave, après au moins une sommation interpellative pour y mettre un terme. […] »

13. Le contrat comportait également une clause de règlement des litiges, qui prévoyait ce qui suit :

« Article 10 : Règlement des différends

1) Tout différend né de l'exécution ou de l'interprétation du présent contrat fera l'objet d'une conciliation préalable avant tout contentieux ;
2) En cas d'échec dans la résolution dudit différend devant les conciliateurs la FECAFOOT [sic], les parties s'engagent à soumettre l'affaire devant le Tribunal Arbitral du Sport (TAS) aux fins de médiation. Le TAS choisit à cet effet un médiateur pour proposer aux parties, une solution à leur différend.

3) En cas d'acceptation totale de la solution proposée par les conciliateurs de la

FECAFOOT ou par le médiateur du TAS, il sera dressé un procès-verbal de conciliation ou de médiation qui règle définitivement le litige et ne sera susceptible d'aucun recours devant quelque juridiction ;

4) En cas d'acceptation partielle de la solution proposée par les conciliateurs de la FECAFOOT ou par le médiateur du TAS, il sera dressé un procès-verbal de conciliation ou de médiation partielle qui règle définitivement les points du litige acceptés par les parties, et les questions réglées ne seront susceptibles d'aucun recours juridictionnel ;

5) À défaut d'une conciliation totale ou partielle, les parties s'engagent à ce que leur litige soit résolu conformément aux dispositions des articles 22 alinéa C et 23 du règlement du statut et du transfert des joueurs de la FIFA.

6) En cas d'échec total par les instances susmentionnées de régler définitivement tout différend entre les parties, celles-ci acceptent de le soumettre au Tribunal Arbitrage [sic] du Sport de Lausanne, en Suisse conformément aux règles et procédures en vigueur. »

14. Le 31 décembre 2021, le Président de la FECAFOOT, M. Samuel Eto'o Fils (le Président de la FECAFOOT) a adressé une lettre à M. Ferdinand Lucien Emmanuel Makota, Coordonnateur Adjoint de l'Équipe nationale, pour l'informer de la décision de le suspendre en raison des activités contraires aux bonnes mœurs qu'il a commises lors du stage préparatoire à la Coupe d'Afrique des Nations (CAN).

15. En janvier et février 2022, le Cameroun a accueilli la Coupe d'Afrique des Nations.

16. Le 3 février 2022, l'équipe nationale perd contre l'Égypte en demi-finale de la Coupe d'Afrique des Nations.

17. Le 5 février 2022, l'équipe nationale gagne contre le Burkina Faso et termine à la troisième place de La CAN.

18. Le 7 février 2022, le Président de la République du Cameroun a adressé une lettre au capitaine de l'équipe nationale, M. Vincent Aboubakar, pour inviter les Lions Indomptables à continuer à faire preuve de motivation et de cohésion afin d'être prêts pour les grandes échéances sportives à venir.

19. Le 13 février 2022, lors d'une interview télévisée sur CRTV Web, le ministre des Sports a confirmé que l'entraîneur serait maintenu à son poste en tant qu'entraîneur-sélectionneur de l'équipe nationale.

20. Le 14 février 2022, le Président de la FECAFOOT a envoyé une lettre au Ministre des Sports pour rappeler que le décret présidentiel n°2014/384 du 26 septembre 2014 prévoit que la gestion administrative, sportive et technique des équipes nationales de football relève de la responsabilité de la FECAFOOT et que, par conséquent, l'étude sur le maintien ou la résiliation du Contrat avec l'Entraîneur était en cours. Il a en outre indiqué que le ministre compétent serait informé de la décision en temps opportun.

21. Le 16 février 2022, le Secrétaire Général de la FECAFOOT, M. Benjamin Didier Banlock, a publié un communiqué de presse concernant les décisions du Comité Exécutif de la FECAFOOT du même jour. La suspension de M. Ferdinand Lucien Emmanuel Makota, Coordinateur Adjoint de l'Équipe nationale, a été confirmée et un délai de 72 heures a été donné au Président de la FECAFOOT pour prendre une décision concernant l'avenir de l'Entraîneur au sein de l'Équipe nationale.

22. Le 28 février 2022, le Président de la FECAFOOT a envoyé une lettre à l'Entraîneur par email avec le contenu suivant :

« Objet : Fin de votre contrat Monsieur CONCEIÇAO,
Au moment où votre aventure avec notre Sélection nationale s'achève, le football camerounais par ma personne tient à vous remercier de l'implication dont vous avez fait preuve aux côtés de nos joueurs.

Nous tenons à remercier aussi votre staff pour le travail fait à vos côtés. Je vous convie à une rencontre pour échanger sur la fin de notre collaboration et tirer le bilan qui s'impose.

Sachant compter sur votre disponibilité, je vous prie de trouver ici, Monsieur CONCEIÇAO, l'expression de toute considération distinguée. »

23. Le même jour, le ministre des Sports a publié le communiqué de presse suivant :

« COMMUNIQUE DE PRESSE

Le Ministre des Sports et de l'Éducation Physique a l'honneur d'informer le public que, sur Très Hautes Instructions de Monsieur le Président de la République, répercutées par correspondance n° 232/CF/SG/PR du 28 février 2022, le Sélectionneur de l'équipe nationale fanion de football masculin, M. Antonio CONCEIÇAO, et l'encadrement technique des Lions Indomptables sont remplacés par les responsables ci-après :

Manager Sélectionneur : M. SONG Rigobert ;

Entraineur Sélectionneur Adjoint : M. MIGNE Sébastien ; Team Manager: M. KALLA Raymond ;
Assistant Coach : M. SIMO Augustine ;

Entraîneur des Gardiens de But : M. SOULEYMANOU ; Préparateur Physique : M. FEVRE Raphaël ;
Analyste vidéo : M. BALTAZE David.

La Fédération camerounaise de Football (FECAFOOT) est invitée à prendre les dispositions nécessaires, en ce qui la concerne, pour une mise en œuvre harmonieuse et rapide de ces Très Hautes Directives, afin de permettre aux Lions Indomptables d'affronter, dans les meilleures conditions possibles, les importantes échéances sportives futures. »

24. Le même jour, le Président de la FECAFOOT a publié le communiqué de presse suivant :

« La Fédération camerounaise de Football annonce à l'opinion publique et à la famille du sport, la fin du contrat de l'Entraîneur Antonio CONCEIÇAO. C'est l'occasion de le remercier ainsi que tout son staff pour le travail effectué au sein de notre Sélection nationale. Les échéances à venir pour notre Équipe nationale nécessitent de nouvelles orientations et un souffle nouveau. Nous lui souhaitons beaucoup de chance et de réussite pour l'avenir. »

25. Le 4 mars 2022, l'entraîneur, par l'intermédiaire de son avocat, a envoyé une lettre à la FECAFOOT et au ministre des Sports pour contester la résiliation du contrat et, rappelant les résultats positifs de l'équipe nationale avec l'entraîneur et l'obligation de procéder à une évaluation officielle du contrat conformément à son article 6, paragraphe 2, il a demandé le paiement des montants suivants en sa faveur :

- 45 000,00 EUROS NETS en attente - 11 250,00 EUROS NETS différence mensuelle non-paiements non reçus octobre 2021, novembre 2021, décembre 2021 et janvier 2022 ».
- 90 000,00 EUROS NETS salaire en attente 20 janvier 2022 au

19 février 2022 » ;

- 24 000,00 EUROS NETS salaire en attente 20 février 2022 au 28 février 2022 » ;
- UN MILLION QUATRE CENT SEPT MILLE
- EURO NET (1 407 000,00 EUROS) » à titre d'indemnité pour licenciement sans motif valable ; et
- **TRENTE-SEPT MILLE CINQ CENTS EUROS** NETS (37 500 EUROS) » comme prime pour la qualification à la Coupe du Monde de la FIFA 2022.

III. PROCÉDURE DEVANT LA CHAMBRE DU STATUT DU JOUEUR DU TRIBUNAL DU FOOTBALL DE LA FIFA

26. Le 18 mars 2022, l'entraîneur a déposé une réclamation auprès de la FIFA demandant le paiement d'un montant total de 1 603 500 EUR, détaillé comme suit :

- 159 000 EUR à titre de rémunération impayée, détaillée comme suit :
- 45 000 EUR à titre de rémunération impayée pour octobre 2021, novembre 2021, décembre 2021 et janvier 2021.
- 90 000 EUR comme salaire restant dû pour la période du 20 janvier 2022 au 19 février 2022 ;
- 24 000 EUR comme salaire restant dû pour la période du 20 février 2022 au 28 février 2022.
- 1 407 000 euros à titre d'indemnité pour rupture de contrat sans juste cause ;
- 37 500 euros à titre de prime exceptionnelle.

27. Le 22 mars 2022, la FECAFOOT a été invitée à faire part de ses observations sur la réclamation au plus tard le 12 avril 2022.

28. Le 21 avril 2022, le Secrétaire Général de la FECAFOOT, M. Blaise DJOUNANG, a envoyé une lettre à la FIFA pour l'informer qu'il avait reçu une copie de la notification du 19 avril 2022 transmise à l'Entraîneur, mais qu'il n'avait jamais reçu d'invitation de la FIFA à commenter l'affaire concernant l'Entraîneur. La lettre contenait également le contenu suivant :

« […]

En tout état de cause, il importe de relever que le contrat de l'entraîneur Ex Sélectionneur des Lions Indomptables du Cameroun avait été conclu avec l'État du Cameroun, à travers son Ministre des Sports et de l'Éducation Physique, et qui en assurait toute la gestion administrative et financière. La FECAFOOT ne s'occupant que de la gestion technique des sélectionneurs. Toutefois, nous prenons acte de ce que la présente question sera soumise à l'examen de la Chambre du Statut des Joueurs. »

29. Le 22 avril 2022, la FIFA a envoyé un courrier électronique à la FECAFOOT avec une copie de la communication envoyée le 22 mars 2022 à sgoffice@fecafoot.org, paulmebizoo@yahoo.fr et divinenamanga1@gmail.com

30. Le 7 juin 2022, le juge unique de la Chambre du Statut du Joueur du Tribunal du Football de la FIFA (la « CSJ de la FIFA ") a rendu une décision (la » Décision attaquée ») comme suit :

« La demande du requérant, Antonio Conceiçao da Silva Oliveira, est recevable.

2. *La demande du requérant est partiellement acceptée.*

3. *Le défendeur, la FECAFOOT, doit payer au requérant les montants suivants :*

– 213 750 EUR *nets à titre de rémunération impayée, plus les intérêts suivants :*
5 % d'intérêts p. a. sur le montant de 11 250 EUR (partie restante du salaire d'octobre 2021) à partir du 1er novembre 2021 jusqu'à la date de paiement effectif ; ;
5 % d'intérêts p.a. sur le montant de 11 250 EUR (partie restante du salaire de novembre 2021) à partir du 1er décembre 2021 jusqu'à la date de paiement effectif ;
5 % d'intérêt par an sur le montant de 11 250 EUR (partie restante du salaire de novembre 2021) à partir du 1er décembre 2021 jusqu'à la date de paiement effectif décembre 2021) à partir du 1er janvier 2022 jusqu'à la date de paiement effectif ;
5 % d'intérêt par an sur le montant de 90 000 EUR (salaire de janvier 2022) à compter du 1er février 2022 jusqu'à la date de paiement effectif ;
5 % d'intérêt par an sur le montant de 90 000 EUR (salaire de février 2022) à partir du 1er mars 2022 jusqu'à la date de paiement effectif ; et mars 2022 jusqu'à la date de paiement effectif ;

8. 37 500 euros nets à titre de bonus impayé ;

9. ***1 352 250 euros*** *nets à titre d'indemnité pour rupture de contrat sans juste cause, plus 5 % d'intérêt par an à partir du 18 mars 2022 jusqu'à la date de paiement effectif.*

4. Toute autre demande du demandeur est rejetée.

5. Le paiement intégral

6. Conformément à l'art. 8 de l'Annexe 2 du Règlement relatif au Statut et au Transfert des Joueurs, si le paiement intégral (y compris tous les intérêts applicables) n'est pas effectué dans les 45 jours suivant la notification de la présente décision, les conséquences suivantes s'appliqueront :

1. Le défendeur se verra imposer une restriction sur la réception d'un pourcentage du financement du développement, jusqu'à ce que les montants dus soient payés.

8. Les conséquences ne seront exécutées qu'à la demande du demandeur, conformément à l'art. 8 par. 7 et 8 de l'annexe 2 et à l'art. 25 du Règlement relatif au Statut et au Transfert des Joueurs.

9. La présente décision est rendue sans frais.

31. Le 23 juin 2022, la FIFA a notifié aux parties les motifs de la décision attaquée.

IV. PROCÉDURE DEVANT LE TRIBUNAL ARBITRAL DU SPORT

32. Le 13 juillet 2022, conformément aux articles R47 et R48 du Code de l'arbitrage en matière de sport (le Code TAS), la FECAFOOT a déposé une déclaration d'appel auprès du TAS, contestant la Décision attaquée. La FECAFOOT a indiqué l'anglais comme langue de l'arbitrage et a désigné M. Pierre Muller, ancien juge, Suisse, comme arbitre.

33. Le 18 juillet 2022, le greffe du TAS a accusé réception de la déclaration d'appel de la FECAFOOT et en a transmis une copie à l'entraîneur. Le greffe du TAS a invité les parties à indiquer si elles étaient intéressées par la soumission du litige à la médiation du TAS. Le greffe du TAS a également invité la FIFA à participer en tant que partie, si elle le souhaite, dans un délai de dix jours.

34. Le 20 juillet 2022, l'Entraîneur a indiqué au Greffe du TAS qu'il acceptait que la langue de l'arbitrage soit l'anglais et a suggéré que les

Parties puissent déposer des pièces à la fois en anglais et en français sans avoir besoin de soumettre une traduction. L'Entraîneur a également désigné comme arbitre M. Michele A.R. Bernasconi, avocat à Zurich, suisse.

35. Le 21 juillet 2022, la FECAFOOT a déposé son mémoire d'appel auprès du greffe du TAS et a indiqué qu'elle acceptait de déposer des pièces en français sans traduction.

36. Le 25 juillet 2022, le greffe du TAS a accusé réception du mémoire d'appel de la FECAFOOT et en a transféré une copie à l'entraîneur. Le Greffe du TAS a également informé les Parties que M. Pierre Muller n'acceptait pas sa nomination en tant qu'arbitre et a invité la FECAFOOT à nommer un autre arbitre.

37. Le 28 juillet 2022, la FIFA a informé le greffe du TAS qu'elle renonçait à son droit d'intervenir en tant que partie dans la procédure.

38. Le 2 août 2022, l'entraîneur a déposé sa réponse au mémoire d'appel de la FECAFOOT, qui comprenait une demande visant à condamner la FECAFOOT à payer à l'entraîneur un montant supplémentaire de 46 763,72 euros à titre de bonus impayé.

39. Le 3 août 2022, le greffe du TAS a accusé réception de la réponse de l'entraîneur et en a transmis une copie à la FECAFOOT. Le Greffe du TAS a également invité les Parties à faire savoir si elles préféraient qu'une audience soit tenue dans cette affaire ou que la Formation rende une sentence sur la base des seules écritures des Parties.

40. Le même jour, l'entraîneur a informé le Greffe du TAS qu'il ne considérait pas nécessaire de tenir une audience compte tenu de l'étendue de la documentation soumise.

41. Le 15 août 2022, la FECAFOOT a informé le Greffe du TAS qu'elle désignait M. Benoît Pasquier, avocat à Zurich, Suisse, comme arbitre.

42. Le 22 août 2022, la FECAFOOT a informé le greffe du TAS qu'elle préférait qu'une audience ait lieu. En outre, la FECAFOOT a soulevé que la réponse de l'Entraîneur comprenait une demande reconventionnelle de 46 763,72 EUR qui doit être déclarée irrecevable compte tenu du fait que les demandes reconventionnelles ne sont admises devant le TAS qu'en procédure ordinaire, mais ne sont pas recevables en procédure d'appel conformément à l'article R55 du Code du TAS.

43. Le même jour, le greffe du TAS a invité l'entraîneur à indiquer s'il maintenait sa demande de réparation n° 3.

44. Le 26 août 2022, l'entraîneur a informé le greffe du TAS qu'il retirait sa demande reconventionnelle et ne maintenait pas sa demande de réparation n° 3.

45. Le 26 septembre 2022, le Greffe du TAS a informé les Parties que la Formation désignée pour statuer dans cette affaire était constituée comme suit : Président : M. Alexander McLin, avocat à Lausanne, Suisse ; Arbitres : M. Benoît Pasquier, avocat à Zurich, Suisse, M. Michele A.R. Bernasconi, avocat à Zurich, Suisse.

46. Le greffe du TAS a également informé les Parties que M. Pierre Turrettini, avocat à Genève, suisse, a été nommé greffier ad hoc.

47. Le 12 octobre 2022, le greffe du TAS a invité la FECAFOOT à préciser les raisons pour lesquelles elle estimait qu'une audience était nécessaire. Raisons pour lesquelles elle estimait qu'une audience était nécessaire.

48. Le 27 octobre 2022, la FECAFOOT a informé le Greffe du TAS qu'elle estimait nécessaire de tenir une audience pour discuter et présenter tous ses arguments factuels et juridiques à la Formation ainsi que pour l'interrogatoire des deux Parties en relation avec les conclusions déposées par l'Entraîneur et la FECAFOOT.

49. Le 15 novembre 2022, le Greffe du TAS a convoqué les Parties à l'audience, qui se tiendrait par vidéoconférence le 23 janvier 2023.

50. Le 18 novembre 2022, l'entraîneur a renvoyé l'ordre de procédure dûment signé.

51. Le 22 novembre 2022, la FECAFOOT a retourné l'ordonnance de procédure, dûment signée, et modifiée conformément à l'accord des parties concernant les pièces.

52. Le 23 janvier 2023, une audience a eu lieu par vidéoconférence. Lors de l'audience, outre la Formation, le Greffier ad hoc et Mme Delphine Deschenaux-Rochat, Conseillers du TAS, les personnes suivantes étaient présentes :

i. Pour la FECAFOOT : M. Blaise Djounang, Secrétaire général par intérim de la FECAFOOT et M. Jonathan Bornoz, avocat ;

ii. Pour l'entraîneur : l'entraîneur, M. Jonás Vallina, conseil, et Mme Soraia Carvalho, interprète.

53. Au début de l'audience, les parties ont confirmé qu'elles n'avaient pas d'objections quant à la constitution du groupe spécial.

54. Les Parties ont également convenu que la participation à l'audience de M. Jacques Celestin Songo'o, invité par le Coach, n'était pas nécessaire.

55. M. Blaise Djounang, Secrétaire Général par intérim de la FECAFOOT, a été entendu en tant que partie. En substance, il a déclaré ce qui suit :

10. Il a pris ses fonctions en tant que secrétaire général par intérim en février 2022 en raison de la démission de son prédécesseur.

11. Le gouvernement est la partie principale du contrat, assumant ses missions souveraines. Les salaires et les primes de l'entraîneur ont été payés par le ministre des Sports via le ministre des Finances sur la base d'un budget approuvé.

Les salaires et les primes de l'entraîneur ont été payés par le ministre des Sports via le ministre des Finances sur la base d'un budget approuvé. Par conséquent, le salaire de l'entraîneur n'apparaît pas dans les comptes de la FECAFOOT, mais dans les comptes du ministre des Sports.

12. La FECAFOOT n'avait qu'un rôle technique. Le paiement des frais de voyage était subsidiaire et faisait partie de la mission de supervision de la FECAFOOT. Dans ce contexte, la FECAFOOT devait vérifier que les primes de jeux étaient payées, mais ne pouvait pas les payer elle-même, mais ne peut pas les payer elle-même. Il ne pouvait qu'informer le gouvernement que des primes n'ont pas été payées, mais ne peut pas ordonner de tels paiements. La FECAFOOT pourrait demander au gouvernement des copies des preuves de paiement.

13. Compte tenu du bon niveau de l'équipe nationale, on attendait de l'entraîneur que l'équipe nationale remporte la CAN au moins atteigne la finale. Il y avait beaucoup d'espoir il y avait beaucoup d'espoir en raison du potentiel de l'équipe nationale. L'obligation du contrat n'a donc pas été respectée.

14. Il n'a pas vu les échanges de correspondance de la procédure CPS de la FIFA, à l'exception de la dernière communication qui indiquait que le délai fixé à la FECAFOOT avait expiré.

15. L'article 9 du contrat précise les conditions de résiliation du contrat. Bien qu'il n'ait pas été en fonction lorsque le contrat a été résilié, il pense que la résiliation était basée sur l'article 9 let. a) (non-respect des obligations), parce que l'entraîneur n'a pas atteint les objectifs, n'a pas déposé les rapports et n'a pas respecté l'obligation de résider au Cameroun.

16. La lettre de la FECAFOOT n'est pas une lettre de résiliation, mais seulement une lettre de remerciement et d'invitation à discuter des résultats passés. La lettre du ministre des Sports inclut le licenciement.

17. Il ne dispose d'aucun document attestant de la présence de l'entraîneur au Cameroun.

56. L'entraîneur a été entendu en tant que partie. En substance, il a déclaré ce qui suit :

– L'objectif du contrat était de faire tous les efforts possibles pour atteindre la finale de la CAN et de qualifier l'équipe nationale pour la Coupe du Monde de la FIFA 2022. L'équipe nationale a terminé à la troisième place de la CAN et s'est qualifiée pour la Coupe du monde de la FIFA. Après la CAN, tous les membres de l'équipe nationale ont été félicités par les représentants du gouvernement.

– L'objectif de choisir les meilleurs joueurs a été atteint. Le meilleur joueur de la CAN était dans l'équipe nationale. Il a préparé la meilleure équipe pour l'avenir, comme demandé.

– Le classement FIFA de l'équipe nationale est passé de la 58e à la 36e place et l'entraîneur et son équipe ont fait un excellent travail, dans une très bonne ambiance et avec un très bon esprit d'équipe, et les joueurs de l'équipe nationale l'ont également ressenti.

– Le ministre des Sports a payé les salaires, les impôts et les cotisations sociales. L'entraîneur a donné les coordonnées de son compte bancaire au ministre des Sports.

– M. Jonás Vallina, avocat de l'Entraîneur, était présent pour la réunion concernant la signature du contrat.

– La CAN était en effet l'une des compétitions les plus importantes pour l'équipe nationale et, lors de la négociation du contrat, le gouvernement a demandé à l'entraîneur de faire de son mieux pour gagner la CAN. Il n'était cependant pas décisif d'atteindre la finale et de la gagner. En tant qu'entraîneur professionnel, il ne pouvait pas garantir un tel résultat.

57. Au cours de l'audience, les parties ont eu l'occasion de présenter et de défendre leurs positions et de réitérer les arguments déjà avancés dans leurs observations écrites respectives.

58. Avant la fin de l'audience, les Parties ont expressément déclaré qu'elles n'avaient aucune objection quant à la procédure adoptée par le Panel et que leur droit d'être entendues et d'être traitées de manière égale avait été dûment respecté.

V. OBSERVATIONS DES PARTIES

59. Le schéma suivant est un résumé des arguments et des soumissions des Parties que le Groupe spécial considère comme pertinents pour trancher le présent différend et ne comprend pas nécessairement tous les arguments avancés par les Parties.

60. Le Panel a néanmoins examiné attentivement toutes les soumissions faites par les Parties, même si aucune référence explicite n'a été faite dans le résumé suivant. Les observations écrites et orales des Parties, les preuves documentaires et le contenu de la décision attaquée ont tous été pris en considération.

A. Les conclusions de l'Appelant

Les conclusions de l'Appelant contenues dans son mémoire d'appel, ainsi que celles présentées lors de l'audience, peuvent être

- conformément à l'article R58 du Code du TAS et à l'article 57, paragraphe 2, des Statuts de la FIFA, le Tribunal doit appliquer les diverses réglementations de la FIFA, y compris le Règlement sur le Statut et le Transfert des Joueurs (« FIFA

RSTP ») et la Commission de la FIFA sur le Statut des Joueurs (FIFA PSC) – qui n'a pas examiné l'Article 10 du Contrat dans la décision attaquée – n'était donc pas compétente pour examiner le différend entre les Fêtes et aurait dû déclarer la demande de l'Entraîneur irrecevable. Pour ces raisons, la décision attaquée doit être annulée.

- Le PSC de la FIFA n'avait pas compétence pour entendre le différend. Le Contrat prévoit en effet un mécanisme de résolution des différends précis en quatre étapes dans son article 10, ce qui correspond à l'intention des Parties. D'abord, une conciliation devait être engagée entre les Parties (étape 1). En cas d'absence d'accord lors de ce processus, les Parties devaient alors soumettre leur différend à une médiation devant le TAS (étape 2). Ce n'est que si la conciliation et la médiation échouaient que les Parties pouvaient éventuellement porter leur demande devant le PSC de la FIFA (étape 3), avec un appel possible devant le TAS (étape 4). En l'espèce, bien que le Président de la FECAFOOT ait proposé une rencontre dans sa lettre du 28 février 2022, l'Entraîneur n'a engagé ni conciliation ni médiation comme l'exigeait le Contrat (Article 10), mais a directement déposé une demande devant la FIFA contre la FECAFOOT (étape 3, en passant outre les étapes 1 et 2). La CSJ de la FIFA — qui n'a pas examiné l'article 10 du contrat dans la décision attaquée — n'était donc pas compétente pour connaître du litige entre les parties et aurait dû déclarer la demande de l'entraîneur irrecevable. Pour ces raisons, la décision attaquée doit être annulée.
- La procédure de résiliation a été respectée et l'Entraîneur aurait dû entamer la procédure de conciliation s'il n'était pas d'accord avec la résiliation du Contrat.
- Le Contrat a été signé entre trois parties : l'Entraîneur, la FECAFOOT et le Gouvernement représenté par le Ministre des Sports. Le Contrat prévoit pour chaque partie des obligations spécifiques :
    - L'Entraîneur était responsable de la gestion de l'équipe de football avec des objectifs précis à atteindre (tels que détaillés à l'article 3 du Contrat).
    - Le Ministre des Sports, en sa qualité de représentant du Gouvernement, était en charge de toutes les

obligations financières et donc seul responsable de toutes les prestations et rémunérations à verser à l'Entraîneur, à l'exclusion de la FECAFOOT. L'article 7 du Contrat prévoyait spécifiquement que le salaire et les avantages de l'Entraîneur devaient être payés directement par le Ministre des Sports. En particulier, l'article 7 al. 3 du Contrat prévoyait que l'Entraîneur devait communiquer ses coordonnées bancaires « aux services financiers compétents du Ministère des Sports ».

- La FECAFOOT avait des obligations techniques et quelques obligations financières accessoires, telles que le paiement des frais de voyage de l'entraîneur lorsqu'il se rendait à l'étranger pour suivre et observer les joueurs de l'équipe nationale dans leurs clubs. La FECAFOOT n'avait aucune autre obligation financière et n'était, et n'a jamais été tenue de payer la rémunération et les avantages de l'entraîneur en vertu du contrat.

– L'Entraîneur a toujours été payé directement par le Ministre des Sports et jamais par la FECAFOOT qui n'avait aucune obligation de payer la rémunération et les avantages de l'Entraîneur en vertu du Contrat. Dans la Décision attaquée, le CSJ de la FIFA n'a fourni aucune justification quant à la raison pour laquelle, malgré la formulation claire du Contrat, la FECAFOOT était responsable du paiement de la rémunération et des avantages de l'Entraîneur ni n'a mentionné les articles 2 à 5 et 9. Par conséquent, la FECAFOOT n'aurait pas dû être condamnée à payer la rémunération et la prime impayées de l'Entraîneur et la Décision attaquée devrait être entièrement annulée. La décision de résilier le Contrat est une décision du Gouvernement qui est responsable de ses conséquences.

– En tout état de cause, et si la Chambre devait constater que la FECAFOOT était responsable de la rémunération et de la prime du Coach, la résiliation du Contrat a été faite pour juste cause et la FECAFOOT n'aurait donc pas dû être condamnée à payer 1 352 000 euros à titre d'indemnité pour rupture de contrat sans juste cause.

– En vertu du Contrat, le Coach avait en effet deux obligations strictes qui devaient être remplies : 1) gagner la CAN ou au moins atteindre la finale et 2) résider au Cameroun pour pouvoir suivre pleinement tous les joueurs et assurer la meilleure gestion possible de l'équipe.

- La CAN a été l'un des événements sportifs les plus importants organisés au Cameroun au cours des dernières décennies. Il a été clairement indiqué à l'entraîneur que l'on attendît de lui qu'il fasse en sorte que l'équipe nationale gagne ou, au moins, atteigne la finale de la compétition, faute de quoi son contrat serait résilié. La FECAFOOT et le ministre des Sports ont fait d'importants efforts financiers et infrastructurels pour fournir à l'entraîneur ce dont il avait besoin pour atteindre les objectifs fixés dans le contrat. L'équipe nationale ayant terminé à la troisième place de la CAN, l'entraîneur n'a pas satisfait aux exigences minimales attendues de lui et a violé le contrat (article 3). L'article 6, paragraphe 2, du contrat prévoyait que le contrat serait évalué à la fin de la CAN et permettait donc au ministre des sports ou à la FECAFOOT de résilier le contrat si les objectifs n'étaient pas atteints. Comme cela a été le cas, le Ministre des Sports n'a pas eu d'autre choix que de résilier le contrat immédiatement afin d'assurer une transition rapide et en douceur avec l'entraîneur-sélectionneur nouvellement nommé,

M. Rigobert Song.

- Le Coach n'a jamais vécu au Cameroun et a donc violé l'article 3 para. 2 let. i) du Contrat. Il n'a également jamais présenté son programme mensuel à la FECAFOOT, ce qui constitue une violation de l'article 3, paragraphe 2, point h), du contrat.

– Pour ces raisons, le contrat a été immédiatement résilié le 28 février 2022. Cette résiliation était entièrement justifiée par les violations énumérées par la FECAFOOT. Par conséquent, la CSJ de la FIFA n'aurait pas dû ordonner à la FECAFOOT de payer 1 352 000 euros à titre d'indemnité pour rupture de contrat sans motif valable et la décision attaquée doit être annulée sur ce point.

– Dans l'hypothèse peu probable où le groupe spécial conclurait qu'en vertu du contrat, la FECAFOOT était responsable du paiement du bonus de l'entraîneur, la FECAFOOT soutient que l'entraîneur ne peut prétendre à un bonus en vertu de l'article 8 let. c) du contrat. En effet, l'entraîneur n'a pas atteint les tours éliminatoires de la Coupe du Monde de la FIFA 2022 parce que son contrat a été résilié. L'équipe nationale pour la Coupe du Monde de la FIFA 2022. Par conséquent, il n'y a pas lieu de condamner la FECAFOOT ne devrait pas être condamnée à payer 37 500 euros à titre de prime à l'entraîneur.

61. Dans son mémoire d'appel, l'appelant a présenté les demandes de redressement suivantes :

« 1. Déclarer recevable le recours introduit par la Fédération camerounaise de football.

2. Annuler dans son intégralité la décision de la Chambre du Statut du Joueur rendue le 7 juin 2022 entre Antonio Conceiçao da Silva Oliveira et la Fédération camerounaise de Football.

3. Déclarer que Antonio Conceiçao da Silva Oliveira n'a droit à aucun montant à payer par la Fédération camerounaise de football en relation avec le contrat de travail conclu entre les parties.

4. Constater que la résiliation du contrat d'Antonio Conceiçao da Silva Oliveira a été faite avec un juste motif.

5. Annuler toutes les restrictions imposées à la Fédération camerounaise de football en vertu de l'article 8 de l'annexe 2 du règlement relatif au statut et au transfert des joueurs.

6. Condamner Antonio Conceiçao da Silva Oliveira à supporter tous les frais de cet arbitrage, y compris tous les frais juridiques encourus par la FECAFOOT pour la représentation légale, qui ne seront pas inférieurs à 30 000 CHF. - (Trente mille francs suisses) ».

B. Les conclusions et les demandes de réparation du défendeur

62. Les arguments du défendeur contenus dans sa réponse au mémoire d'appel de l'appelant, ainsi que celles présentées lors de l'audience, peuvent être résumés comme suit :

- Conformément à l'article R58 du Code du TAS et à l'article 57 al. 2 des Statuts de la FIFA, la Formation appliquera le principe de l'égalité des chances, y compris les RSTP de la FIFA, ainsi que le droit suisse subsidiaire. Étant donné que le contrat ne contenait pas de clause d'élection de droit, la formation a appliqué le droit suisse subsidiaire de droit dans le contrat, la formation appliquera en premier lieu les RSTP de la FIFA, édition de mars 2022 et, en complément, le droit suisse (CAS 2006/A/1180). Le droit suisse s'applique à toutes les questions qui ne sont pas directement régies par le Règlement de la FIFA.

- Le 28 février 2022, la FECAFOOT a envoyé une lettre de résiliation à l'Entraîneur sans préavis ni discussion. L'Entraîneur a répondu à cette lettre le 4 mars 2022, contestant la résiliation et rappelant la procédure d'évaluation de l'article 6.2 du Contrat, et n'a jamais reçu de réponse de la FECAFOOT. L'entraîneur n'aurait donc pas pu soumettre l'affaire à une conciliation préalable avec la FECAFOOT, qui n'était pas applicable. De plus, le Contrat a été rédigé par la FECAFOOT et doit en tout état de cause être interprété à son encontre conformément aux principes contra proferentem et in dubio pro operario. La CSJ de la FIFA était donc pleinement compétent pour connaître du litige entre les parties.
- De plus, la FECAFOOT a confirmé la compétence de la CSJ de la FIFA lorsque, le 21 avril 2022, neuf jours après la clôture de la phase d'enquête par la CSJ de la FIFA, la FECAFOOT a présenté sa position formelle et répondu à la réclamation.
- L'entraîneur a rempli toutes ses obligations prévues aux articles 3.1 et 3.2 du contrat. L'entraîneur a initialement signé un premier contrat le 20 septembre 2019, valable jusqu'au 19 septembre 2021, avec la FECAFOOT, sous la présidence de M. Seidou Mbombo Nchouwa Njoya, et l'ancien Ministre des Sports. Les parties étant satisfaites de la bonne entente et des résultats sportifs (et de la satisfaction de toutes les obligations contractuelles), le contrat a été renouvelé le 27 août 2021 jusqu'au 19 septembre 2023, avec l'objectif commun de déployer le maximum d'efforts pour remporter la CAN et qualifier l'équipe nationale pour la Coupe du monde de la FIFA 2022.
- Alors que l'équipe nationale s'est qualifiée à la première place de la phase de groupe de l'AFCON, le 11 décembre 2021, l'équipe nationale a été éliminée à la CAN, le 11

décembre 2021, M. Samuel Eto'o Fils a été élu Président de la FECAFOOT. Il remplace

M. Seidou Mbombo Nchouwa, qui avait signé le contrat avec le sélectionneur. Le 31 décembre 2021, M. Samuel Eto'o Fils, en tant que nouveau Président de la FECAFOOT, a décidé à la surprise générale de suspendre le coordinateur adjoint de l'équipe nationale juste avant le début de la CAN, sans justification ni procédure, en violation de l'article 2 para. 6 du Contrat.

- La participation de l'équipe nationale à la CAN a été un succès puisque l'équipe nationale a terminé à la troisième place avec une médaille de bronze, seulement battue aux tirs au but par l'équipe nationale d'Égypte en demi-finale. Contrairement à ce que la FECAFOOT le contrat prévoyait que l'entraîneur devait « faire tout son possible » pour gagner la CAN ou atteindre la finale de la CAN ou atteindre la finale et l'objectif a donc été atteint : en terminant à la troisième place, l'entraîneur a fait tous les efforts nécessaires pour gagner la CAN ou atteindre la finale.
- l'objectif a donc été atteint : en terminant à la troisième place, l'entraîneur a fait tous les efforts nécessaires pour atteindre la finale. Dans tous les cas, l'interprétation du contrat se fera conformément à l'article 18 du Code suisse des obligations (« CSO ») (CAS 2015/A/4152) et tiendra compte des principes *contra proferentem et in dubio pro operario.* Par conséquent, en cas de doute quant à l'interprétation du contrat, le panel doit protéger la partie « faible », c'est-à-dire l'entraîneur, qui n'a pas rédigé le contrat.

– L'entraîneur a obtenu d'excellents résultats avec l'équipe nationale (23 matchs avec 14 victoires, 7 nuls et 2 défaites) et a, sans aucun doute, contribué au succès de l'équipe nationale pour la Coupe du Monde de la FIFA 2022. L'entraîneur a fait passer l'équipe nationale de la position 56 à la position 38 dans le classement de la FIFA.

– L'entraîneur a soumis tous les rapports requis conformément à l'article 3, paragraphe 2, comme en témoignent les pièces 14 à 44 déposées dans le cadre de la présente procédure.

– En ce qui concerne l'obligation de résider au Cameroun, l'entraîneur a loué une propriété à Nouvelle Route Bastos, Yaoundé, où vivait également son personnel technique. L'entraîneur a également présenté des preuves à cet égard au cours de la procédure, notamment un certificat de domicile délivré par les autorités civiles du Cameroun. Les allégations de la FECAFOOT concernant la rupture de contrat par l'entraîneur doivent donc être rejetées.

– L'article 6, paragraphe 2, du contrat prévoyait une procédure pour la tenue d'une session d'évaluation officielle à la fin de l'AFCON pour discuter de la résiliation ou de la modification du contrat. Cette évaluation était une condition sine qua non à toute révision du contrat. La FECAFOOT a violé cette disposition en résiliant le contrat sans justification et sans juste cause et doit donc supporter les conséquences de cette résiliation.

– La FECAFOOT, en particulier son nouveau président, a décidé de résilier le Contrat sans juste cause le 28 février 2022 (et non le Ministre des Sports, comme le prouve par son interview télévisée du 13 février 2022) et sera donc responsable des conséquences de cette résiliation et payer les salaires restants dus ainsi qu'une indemnité correspondant à la valeur résiduelle du contrat, conformément à l'article 6 para. 1 et 2 de l'Annexe 2 du RSTP de la FIFA. Le contrat a été rédigé par la FECAFOOT et, du point de vue du droit du travail, l'entraîneur était la partie
« faible », ce qui justifie que le contrat soit considéré comme un contrat de travail. Partie

« faible », ce qui justifie que le contrat soit interprété selon les principes *contra proferentem et in dubio pro operario.* Par conséquent, l'entraîneur a le droit de de réclamer la totalité de la rémunération due jusqu'à la fin du contrat à titre d'indemnité conformément à l'article 6 al. 1 de l'Annexe 2 du RSTP de la FIFA.

– À la date de résiliation du Contrat, les montants suivants étaient dus, comme l'a reconnu le CSJ de la FIFA :

- 11 250 EUR au titre de la partie restante du salaire d'octobre 2021 ;
- 11 250 EUR au titre de la partie restante du salaire de novembre 2021 ;
- 11 250 EUR au titre de la partie restante du salaire de décembre 2021 ;
- 90 000 EUR au titre du salaire complet de janvier 2022 ;
- 90 000 EUR au titre du salaire complet de février 2022.

Le montant total de 213 750 EUR sera versé à l'Entraîneur puis réparti entre les autres membres de son équipe comme le prévoit l'Article 7 para. 2 du Contrat. Des intérêts de 5 % par an seront appliqués sur ces montants à compter des dates d'échéance.

– Conformément à l'Article 6 para. 1 et 2 de l'annexe 2 du RSTP de la FIFA, la partie en défaut devra payer une indemnité correspondant à tous les salaires dus jusqu'à la fin du contrat comme si le contrat de travail avait été exécuté jusqu'à cette date. Comme l'a correctement retenu le CSJ de la FIFA, un montant total de 1 407 000 EUR servira de base au calcul de l'indemnité due. Il correspond à 90 000 EUR multiplié par 18,6 mois, à savoir la période comprise entre le 1er mars 2022 et le 19 septembre 2023 (18 mois et 18 jours). Se référant à l'article 337 du Code des obligations Suisse, l'entraîneur a immédiatement pris des mesures après la résiliation du contrat pour trouver un nouvel emploi et figurait sur une liste finale de candidats pour troiséquipes nationales. Malheureusement, cela n'a pas fonctionné. L'entraîneur a également été en contact avec les équipes nationales et les clubs suivants : Côte d'Ivoire, Namibie, Égypte, Maroc, Congo, Malte, Mexique, Ghana, Belgique, Corée du Sud, Al Rabat, Montpellier, Brøndby, RSC Anderlecht, FC Groningen, FC Utrecht, Malaga cf. L'obligation d'atténuation est plus difficile pour un entraîneur de niveau équipe nationale, et par conséquent, la recherche d'un nouveau poste peut nécessiter plus de temps que pour les joueurs ou d'autres entraîneurs. Parce que, selon le droit suisse, la partie lésée doit être mise dans la situation dans laquelle elle se serait trouvée si le contrat avait été correctement exécuté, l'Entraîneur devrait être en droit de réclamer le paiement de l'intégralité de l'indemnisation et la Décision en appel doit être confirmée.

– Selon le Contrat, l'Entraîneur avait droit à une prime spéciale de 50 000 EUR si l'Équipe nationale se qualifiait pour la Coupe du Monde de la FIFA 2022. L'Entraîneur était le principal responsable de la qualification étant donné que, sous sa direction, l'Équipe nationale a remporté 5 matchs (et en a perdu un) pour atteindre les derniers matchs de qualification contre l'Algérie. La Décision en appel était donc correcte d'accorder 37 500 EUR à l'Entraîneur comme prime impayée. – L'article 3 du Contrat prévoyait les obligations sportives de l'Entraîneur, sans aucune interférence possible de la FECAFOOT ou du Ministre des Sports. L'article 4 prévoyait les obligations du Ministre des Sports et l'article 5 les obligations de la FECAFOOT.

63. Dans sa Réponse au Mémoire d'Appel de l'Appelant, l'Intimé a soumis les demandes de réparation suivantes : « 1. Déclarer irrecevable l'Appel déposé par la Fédération camerounaise de Football contre la décision rendue par la Chambre du Statut du Joueur de la FIFA du Tribunal du Football le 07 juin 2022 sous la référence FPSD-5510. 2. Confirmer dans son intégralité la décision rendue par la Chambre du Statut du Joueur du Tribunal du Football le 7 juin 2022 sous la référence FPSD-5510 entre M. Antonio Conceiçao da Silva et la Fédération camerounaise de Football, puis condamner la Fédération Camerounaise de Football à payer à M. Antonio Conceiçao de Oliveira Silva :

(i) la somme de 213 750 EUR net au titre de la rémunération impayée, majorée des intérêts correspondants.

(ii) la somme de 1 352 250 EUR net à titre d'indemnité pour rupture de contrat sans juste cause, majorée de 5 % d'intérêts par an à compter du 18 mars 2022 jusqu'à la date du paiement effectif.

(iii) la somme de 37 500 EUR net au titre du bonus impayé.

3. Ordonner à la Fédération camerounaise de football de payer à M. Antonio Conceiçao de Oliveira Silva la somme additionnelle de 46 763,72 EUR net au titre du bonus général impayé pour la Coupe du monde 2022.

4. Déclarer que la résiliation du contrat de M. Antonio Conceiçao da Silva Oliveira a été faite sans juste cause.

5. Ordonner à la Fédération camerounaise de football de supporter tous les frais et dépens de cet arbitrage, y compris les frais juridiques encourus.

6. Ordonner à la Fédération camerounaise de football de payer la somme de 5 000 CHF à titre de contribution aux honoraires d'avocat de l'intimé engagés dans la procédure en cours.

7. Ordonner à la Fédération camerounaise de football de payer la somme de 2 000 CHF pour les frais de déplacement de l'intimé au cas où une audience se tiendrait en présentiel au TAS, à Lausanne, ainsi que les autres frais engagés dans la procédure en cours. »

VI. JURIDICTION

64. L'Article R47 du Code du TAS dispose ce qui suit : « *Un appel contre la décision d'une fédération, association ou organisme sportif peut être déposé auprès du TAS si les statuts ou règlements de cet organisme le prennent ou si les parties ont conclu un accord d'arbitrage spécifique et si l'Appelant a épuisé les recours juridiques qui lui sont ouverts avant l'appel, conformément aux statuts ou règlements de cet organisme.* »

65. La compétence du TAS, qui n'a pas été contestée, découle des articles 56 al. 1 et 57 al. 1 des Statuts de la FIFA et de l'article 10 al. 6 du Contrat.

66. La compétence du TAS a été en outre confirmée par l'ordonnance de procédure dûment signée par les parties.

67. En conséquence, le Panel est convaincu que le TAS est compétent pour entendre la présente affaire et pour déterminer, en tant que première question sur le fond, si la FIFA PSC était compétente pour traiter du litige opposant la FECAFOOT et l'Entraîneur.

VIII. DROIT APPLICABLE

68. Selon l'article 57 al. 1 des Statuts de la FIFA, *« [l] es recours contre les décisions finales des organes juridictionnels de la FIFA et contre les décisions des confédérations, des associations membres ou des ligues doivent être déposés auprès du TAS dans les 21 jours suivant la réception de la décision en question* ».

69. Le Panel note que la CSJ de la FIFA a rendu la Décision attaquée le 7 juin 2022 et que les motifs de la Décision attaquée ont été communiqués aux Parties par courriel le 23 juin 2022.

70. Considérant que la FECAFOOT a déposé sa déclaration d'appel le 13 juillet 2022, c'est-à- dire dans le délai de 21 jours fixé par les Statuts de la FIFA, la Formation est convaincue que l'appel a été déposé en temps utile. En outre, la déclaration d'appel était conforme aux exigences de l'article R48 du Code du TAS et est donc recevable.

71. L'article R58 du Code du TAS prévoit ce qui suit :

« *Le Panel tranche le litige selon les règlements applicables et, subsidiairement, selon les règles de droit choisi par les parties ou, à défaut d'un tel choix, selon le droit du pays où est domiciliée la fédération, l'association ou l'organisme sportifs qui a rendu la décision attaquée ou selon les règles de droit que la Formation juge approprié. Dans ce dernier cas, l'instance motive sa décision* ».

72. L'article 57 al. 2 des Statuts de la FIFA prévoient ce qui suit :

« *Les dispositions du Code d'arbitrage en matière de sport du TAS s'appliquent à la procédure. Le TAS applique en premier lieu les divers règlements de la FIFA et, à titre complémentaire, le droit suisse de la FIFA et, à titre complémentaire, le droit suisse.* »

73. Dans la présente affaire, la Formation note que les Parties conviennent que les divers règlements de la FIFA (y compris le RSTP de la FIFA) s'appliquent, le droit suisse s'appliquant à titre subsidiaire.

74. L'affaire ayant été introduite par la FECAFOOT le 18 mars 2022, soit juste après l'entrée en vigueur du RSTP de la FIFA le 16 mars 2022, cette édition est applicable.

75. À la lumière de ce qui précède, la Formation estime que le présent litige doit être tranché conformément au RSTP de la FIFA de mars 2022 et à titre subsidiaire, au droit suisse.

IX. LES FONDEMENTS

A. Le litige

76. La présente procédure a pour objet la décision attaquée, qui a condamné la FECAFOOT à payer :

– À titre de rémunération impayée à l'entraîneur un montant total de 213 750 euros, majoré d'un intérêt de 5 % l'an jusqu'à la date de paiement effectif, comme suit : à partir du 1er novembre 2021 sur le montant de 11 250 euros, à partir du 1er décembre 2021 sur le montant de 11 250 euros, à partir du 1er janvier 2022 sur le montant de 11 250 euros, à partir du 1er février 2022 sur le montant de 90 000 euros et à partir du 1er mars 2022 sur le montant de 90 000 euros ; – à titre de rémunération impayée à l'entraîneur un montant total de 213 750 euros, majoré d'un intérêt de 5 % l'an jusqu'à la date de paiement effectif, comme suit

– à partir du 1er mars 2022 pour un montant de 90 000 euros ;

– à titre de prime non payée, 37 500 EUR ; et

– à titre d'indemnité pour rupture de contrat sans juste cause 1.352.250 EUR plus 5 % d'intérêts plus 5 % d'intérêts p.a. à partir du 18 mars 2022 jusqu'à la date de paiement effectif.

77. Comme mentionné ci-dessus (paragraphe 44), l'entraîneur a retiré sa demande reconventionnelle et le Groupe spécial n'a donc pas à traiter cette demande reconventionnelle.

78. La décision attaquée est contestée par la FECAFOOT qui a notamment fait valoir que (i) la CPS de la FIFA n'était pas compétente pour connaître du litige (ii) la FECAFOOT n'était pas responsable des obligations financières du contrat et (iii) en tout état de cause, la résiliation du contrat a été faite pour une juste cause.

79. Dans la décision attaquée, la CSJ de la FIFA a constaté que le ministre des Sports avait résilié le contrat sans motif valable le 28 février 2022. Par conséquent, la FECAFOOT, en tant que partie au contrat et compte tenu de son rôle, doit payer toute la rémunération due à l'entraîneur au moment de la résiliation (213 750 EUR), plus la prime spéciale due pour la qualification à la Coupe du Monde de la FIFA 2022 (37 500 EUR au pro rata). La CFP de la FIFA a également considéré que l'entraîneur serait en droit de recevoir une indemnité pour rupture de contrat de 1 352 250 euros, sur la base de l'article 6 de l'annexe 8 du RSTP de la FIFA, sans aucune réduction, étant donné que l'entraîneur n'a pas signé de nouveau contrat de travail depuis la résiliation du contrat.

80. La Formation doit donc traiter les questions principales suivantes du présent litige :

i. la CSJ de la FIFA était-elle compétente pour connaître du litige entre la FEFACOOT et l'entraîneur concernant la résiliation du contrat ?

ii. Dans l'affirmative, la FECAFOOT est-elle responsable des paiements dus à l'entraîneur en vertu du Contrat ?

iii. Dans l'affirmative, le Contrat a-t-il été résilié le 28 février 2022 avec ou sans juste cause ?

iv. quelles sont les conséquences financières de la réponse du Panel à la troisième question dans ce cas précis ?

81. Le Panel répondra à chacune de ces questions séparément. i. La FIFA PSC était-elle compétente pour connaître du litige entre la FECAFOOT et l'Entraîneur concernant la résiliation du Contrat ? 82. La première question concerne la compétence de la FIFA PSC pour traiter du litige contractuel entre la FECAFOOT et l'Entraîneur. La FIFA PSC s'est déclarée compétente sur la base des règlements de la FIFA, considérant que l'affaire concernait un litige lié à l'emploi ayant une dimension internationale entre un entraîneur portugais et une association membre de la FIFA.

83. Sur ce point, la FECAFOOT a soutenu que la CSJ de la FIFA n'avait pas compétence pour connaître du litige puisque le Contrat prévoyait un mécanisme clair de résolution des litiges en quatre étapes. Selon son article 10, l'Entraîneur aurait dû d'abord engager une procédure de conciliation et, à défaut de trouver un accord, aurait dû ensuite soumettre le litige à une médiation devant le TAS. Ce n'est qu'en cas d'échec de la conciliation et de la médiation que l'Entraîneur aurait pu déposer sa réclamation devant la CFP de la FIFA. Considérant cela, la CSJ de la FIFA aurait dû déclarer la réclamation de l'Entraîneur irrecevable.

84. L'Entraîneur a soutenu qu'il n'aurait pas pu soumettre l'affaire à une conciliation préalable étant donné que la FECAFOOT n'a jamais répondu à sa lettre du 4 mars 2022 dans laquelle il rappelait la procédure d'évaluation prévue à l'article 6 al. 2 du Contrat. De plus, le Contrat a été rédigé par la FECAFOOT et devrait donc être interprété à son encontre. La CFP de la FIFA était donc compétente pour connaître du litige.

85. À titre de remarque préliminaire, le Panel note que la CSJ de la FIFA est habilitée d'office à décider de sa propre compétence, ce qui implique le pouvoir de déterminer si un litige est un litige lié à l'emploi entre une association et un entraîneur de dimension internationale conformément à l'article 22, paragraphe 1 (b) du RSTP de la FIFA.

86. En l'espèce, il est incontestable qu'il s'agit d'un litige en matière d'emploi entre une association et un entraîneur de dimension internationale compte tenu de la nationalité portugaise de l'entraîneur, ce qui justifie la compétence de la CSJ de la FIFA.

87. Deuxièmement, le Panel se réfère à l'article 186 para. 2 de la Loi suisse sur le droit international privé (» LDIP »), qui se lit comme suit : « *L'exception d'incompétence doit être soulevée préalablement à toute défense sur le fond.* »

88. La jurisprudence du Tribunal fédéral suisse prévoit notamment que « Dès que le défendeur [...] a procédé sur le fond sans avoir préalablement soulevé l'exception d'incompétence de l'arbitre, il est désormais déchu du droit de soulever ultérieurement » (ATF 120 II 155).

89. Par conséquent, conformément au droit suisse, la Formation considère que si la FECAFOOT avait une objection à la compétence du CSJ de la FIFA, elle aurait dû soulever une telle objection au cours de la procédure devant la FIFA en tant qu'affaire initiale. Or, elle ne l'a pas fait. Dans une lettre adressée à la CSJ de la FIFA le 21 avril 2022, la FECAFOOT a en effet brièvement commenté le fond de l'affaire — affirmant que le Contrat avait été conclu avec le Ministre des Sports — et a noté que la question serait analysée par le CSJ de la FIFA. La FECAFOOT est donc forclose à soulever l'exception d'incompétence dans la procédure d'arbitrage ultérieure et actuelle devant le TAS. L'argument de la FECAFOOT selon lequel elle n'a pas reçu les courriels initiaux de la FIFA ne convainc pas non plus la Formation, considérant que le Règlement de procédure de la FIFA prévoit que la communication par courriel est considérée comme un moyen de communication valable et suffisant pour établir les délais et leur respect. Pour ces raisons déjà, la demande de dispense de la FECAFOOT concernant la compétence du CSJ de la FIFA doit être rejetée.

90. Par ailleurs, la Formation observe qu'à aucun moment la FECAFOOT n'a demandé, que ce soit au CSJ de la FIFA ou au TAS, la suspension de la procédure pour permettre une conciliation ou une médiation du TAS entre les Parties. Elle n'a pas non plus réagi lorsque le Greffe du TAS lui a proposé une procédure de médiation. Ce comportement, ainsi que l'absence de réponse à la lettre du Coach du 4 avril 2022 (elle-même porte ouverte à la conciliation), ne peut raisonnablement être interprété que comme une renonciation à procéder aux procédures de conciliation et de médiation prévues au Contrat.

91. En conséquence, le Panel estime que le CSJ de la FIFA était compétent pour traiter la réclamation du Coach, avec pour conséquence que la demande de réparation correspondante de la FECAFOOT doit être rejetée.

iii. La FECAFOOT est-elle responsable des paiements dus au Coach en vertu du Contrat ?

92. La FECAFOOT a soutenu que le Ministre des Sports était le seul responsable de toutes les obligations financières découlant du Contrat, ce qui est attesté par le fait que tous les paiements ont été effectués par le Ministre des Sports. En outre, c'est le Ministre des Sports qui a décidé de résilier le Contrat, et non la FECAFOOT, et elle en supportera donc seule les conséquences.

93. L'Entraîneur a soutenu que le Président de la FECAFOOT a décidé de résilier son Contrat et que la FECAFOOT sera donc responsable des conséquences de cette résiliation.

94. Après avoir examiné le Contrat et évalué les informations fournies par les Parties, la Commission souligne les aspects suivants :

– Le Contrat est signé par le Ministre des Sports et la FECAFOOT d'une part et par l'Entraîneur d'autre part, qui apparaît tout dans les intitulés du Contrat ; – l'article 2 al. 5 prévoit que la FECAFOOT, si l'Entraîneur en a besoin, peut recruter et rémunérer toute autre personne ayant des compétences reconnues dans un domaine technique précis pour rejoindre le staff ;

– L'article 3 al. 2 let. k) prévoit que l'Entraîneur devra rendre compte régulièrement et mensuellement à la FECAFOOT de ses activités ;

– La plupart des obligations financières sont prévues à l'article 4 et sont à la charge du Ministre des Sports, ce qui n'a pas été contesté par l'Entraîneur ;

– La FECAFOOT avait également quelques responsabilités financières mineures en vertu du Contrat (article 5), en plus de ses responsabilités sportives et de son rôle de superviseur pour le paiement des primes dues à l'Entraîneur ;

– Le 14 février 2022, réagissant à une interview télévisée du Ministre des Sports de la veille, le Président de la FECAFOOT a déclaré que la gestion des équipes nationales de football était de la responsabilité de la FECAFOOT qui informerait le Ministre des Sports de sa décision de maintenir ou de résilier le Contrat avec l'Entraîneur en temps voulu ;

– Le 28 février 2022, le Président de la FECAFOOT a adressé une lettre à l'Entraîneur concernant la résiliation de son Contrat le même jour que les communiqués de presse ont été publiés par le Ministre des Sports et le Président de la FECAFOOT.

95. Au vu de ce qui précède, le Panel considère que le Contrat comportait tous les éléments essentiels d'un contrat de travail conformément à l'article 319 al. 1 du CSO et à l'article 2 de l'annexe 2 du RSTP de la FIFA. Il comprend en effet l'objet du contrat, les droits et obligations des parties, le statut et la profession des parties, la rémunération convenue, la durée du contrat et les signatures de chaque partie. En outre, la relation contractuelle et hiérarchique est avec la FECAFOOT, et non avec le Ministre des Sports, ce qui est conforme au RSTP de la FIFA, annexe 2. En conséquence, le Panel est d'avis que la FECAFOOT était l'employeur de fait de l'Entraîneur et est donc responsable des paiements dus en vertu du Contrat, d'autant plus lorsqu'elle est la partie qui a décidé de résilier le Contrat.

96. Le Panel conclut que la FECAFOOT est responsable des conséquences financières de la résiliation du Contrat de l'Entraîneur.

ii. Le Contrat a-t-il été résilié le 28 février 2022 avec ou sans juste cause ?

97. Ayant établi que la FECAFOOT est également responsable des paiements dus au Coach en vertu du Contrat, le Panel doit maintenant déterminer si la résiliation du Contrat le 28 février 2022 a été faite avec ou sans juste cause.

98. Sur cet aspect, la FECAFOOT a soutenu que le Coach a violé le Contrat, car il n'a pas respecté les obligations de gagner la CAN ou au moins d'atteindre la finale et de résider au Cameroun. De plus, le Coach n'a pas soumis son programme mensuel à la FECAFOOT en violation de l'article 3 para. 2 h) du Contrat.

99. Le Coach a nié toute violation du Contrat, affirmant que l'objectif du Contrat était de « faire de son mieux » pour gagner la CAN ou atteindre la finale. Avec une troisième place à la CAN, l'objectif était donc atteint. Par ailleurs, sur l'argument relatif à son lieu de résidence, il a présenté divers documents pour prouver qu'il résidait au Cameroun pendant la durée du Contrat (notamment une attestation de présence effective délivrée par la FECAFOOT le 13 octobre 2021, un certificat de domicile délivré le 25 octobre 2021 par le maire adjoint de Yaoundé et une déclaration d'un notaire local relative à son contrat de bail). Le Coach a également présenté les différents rapports qu'il a faits à la FECAFOOT conformément à l'article 3.2 du Contrat.

100. À la lumière de ce qui précède, le groupe spécial examine si la FECAFOOT avait un motif valable pour résilier le contrat de l'entraîneur.

101. L'Instance observe que le contrat prévoyait la formulation suivante concernant l'objectif lié à la CAN *« Mettre tout en œuvre pour gagner la Coupe d'Afrique des Nations 2021 ou tout au moins atteindre la finale »*.

102. La formulation du Contrat est donc claire. L'Entraîneur doit « faire tous les efforts » pour remporter la CAN ou atteindre la finale. Si la Commission comprend qu'il est probable quc les attentes de la FECAFOOT et du Ministre des Sports étaient que l'Équipe nationale atteigne au moins la finale de la CAN, la Commission est d'avis qu'un tel objectif n'était pas une obligation du Contrat comme le confirme la formulation de l'Article 3 para. 1 de celui-ci. La Commission note également que, conformément à la pratique du TAS, l'absence de résultats sportifs ne peut, en règle générale, constituer en soi un motif de résiliation de la relation contractuelle pour juste cause (TAS 2011/A/2596, para. 9). De plus, la Commission observe que l'Équipe nationale a terminé à la troisième place, ce qui est, en tout état de cause, un très bon résultat. Elle s'est également qualifiée pour la Coupe du Monde de la FIFA 2022. La Commission est donc d'accord avec l'Entraîneur que le résultat final de l'Équipe nationale à la CAN ne constituait pas un motif valable de résiliation du Contrat pour juste cause. La Chambre estime que le sélectionneur a respecté ses obligations au titre du Contrat puisqu'il a tout mis en œuvre pour atteindre la finale de la CAN.

103. Sur l'obligation pour le sélectionneur de résider au Cameroun et de soumettre un programme mensuel à la FECAFOOT, la Chambre relève que le sélectionneur a soumis diverses preuves à cet égard, dont la validité n'a pas été contestée par la FECAFOOT dans ses conclusions ou lors de l'audience.

104. A cet égard, le Panel rappelle qu'en vertu de l'article 8 du Code civil suisse. Par conséquent, la Formation réaffirme le principe établi par la jurisprudence du TAS selon lequel

« dans un arbitrage du TAS, toute partie qui souhaite l'emporter sur une question litigieuse doit s'acquitter de la charge de la preuve, c'est-à-dire qu'elle doit s'acquitter du fardeau d'étayer ses allégations et de prouver de manière affirmative les faits sur lesquels elle s'appuie en ce qui concerne cette question ». En d'autres termes, la partie qui invoque des faits à l'appui de ses droits a la charge de les établir. Le Code prévoit un système de justice arbitrale contradictoire, plutôt qu'inquisitoire. Par conséquent, si une partie souhaite établir certains faits et persuader l'organe de décision, elle doit activement étayer ses allégations par des preuves convaincantes » (cf. TAS 2003/A/506, para. 54 ; TAS 2009/A/1810 & 1811, para. 46 et TAS 2009/A/1975, para. 71 et suivants).

105. Compte tenu de ce qui précède, l'Instance estime que la FECAFOOT ne s'est pas acquittée de la charge de la preuve en ce qui concerne les prétendues violations du contrat par l'entraîneur. Toutes les communications de la FECAFOOT et du Ministre des Sports après la résiliation du contrat ne mentionnaient pas non plus ces prétendues violations.

106. En conséquence, le Groupe spécial conclut que la résiliation du contrat par la FECAFOOT a été faite sans motif valable.

iii. Quelles sont les conséquences financières de la réponse du Groupe spécial à la troisième question ?

107. Le Panel doit maintenant décider des conséquences financières de la résiliation sans juste cause par la FECAFOOT le 28 février 2022. Dans ce contexte, le groupe spécial doit déterminer

a) quelle était la rémunération due à l'entraîneur au 28 février 2022 ?

b) en fonction de la réponse à la première question, quelle indemnité doit être accordée à l'entraîneur ?

108. Le Panel répondra à chacune de ces questions séparément, en prenant dûment en considération les preuves soumises par les Parties et discutées, en détail, au cours de l'audience.

a) Quelle était la rémunération due à l'entraîneur au 28 février 2022 ?

109. Dans la décision attaquée, la CSJ de la FIFA a estimé qu'à la date de la résiliation, les montants suivants étaient dus à l'Entraîneur :

– 11 250 EUR au titre de la partie restante du salaire d'octobre 2021 ;

– 11 250 EUR au titre de la partie restante du salaire de novembre 2021 ;

– 11 250 EUR au titre de la partie restante du salaire de décembre 2021 ;

– 90 000 EUR au titre du salaire complet de janvier 2022 ;

– 90 000 EUR au titre du salaire complet de février 2022 ; correspondant à un montant total de 213 750 EUR, à répartir par l'Entraîneur aux autres membres de son équipe proportionnellement.

110. En outre, la FIFA PSC a retenu que la FECAFOOT devait verser à l'entraîneur un montant de 37 500 EUR à titre de prime spéciale pour la qualification de l'équipe nationale à la Coupe du monde de la FIFA 2022 (au prorata de la prime complète s'élevant à 50 000 EUR).

111. Au cours de la procédure, la FECAFOOT n'a pas contesté les salaires mensuels restants dus à l'entraîneur. Cependant, elle a fait valoir que l'entraîneur n'avait pas atteint les phases éliminatoires de la Coupe du monde de la FIFA 2022 parce que son contrat avait été résilié avant la qualification de l'équipe nationale et, par conséquent, la FECAFOOT ne devait pas être condamnée à payer 37 500 EUR à titre de prime à l'entraîneur.

112. L'entraîneur a soutenu la décision attaquée en ce qui concerne la rémunération impayée et a fait valoir qu'il était principalement responsable de la qualification de l'équipe nationale à la Coupe du monde de la FIFA 2022, ce qui justifiait l'octroi de la prime au prorata.

113. La Chambre constate tout d'abord qu'il n'est pas contesté qu'un montant total de 213 750 EUR était dû à l'Entraîneur au titre des salaires mensuels impayés. Par conséquent, la Décision attaquée doit être confirmée à cet égard.

114. Les Parties sont cependant en désaccord sur la prime spéciale pour la qualification de l'Équipe nationale à la Coupe du Monde de la FIFA 2022.

115. La Chambre constate tout d'abord que l'Équipe nationale s'est qualifiée pour la Coupe du Monde de la FIFA 2022. Il est également vrai qu'avec l'Entraîneur, l'Équipe nationale a gagné 5 matchs et en a perdu un (6 matchs au total), et qu'il restait 2 matchs pour qualifier définitivement l'Équipe nationale à la Coupe du Monde de la FIFA 2022 (soit 8 matchs au total).

116. La Chambre constate que l'Article 8 let. d) du Contrat est clair en spécifiant que l'Entraîneur recevra une prime spéciale de 50 000 EUR *« en cas de qualification pour la Coupe du Monde 2022 »*.

117. En ce qui concerne l'application du droit suisse à titre subsidiaire, le groupe spécial rappelle que *« Lorsqu'un montant (même désigné comme bonus ou gratification) est déterminé ou objectivement déterminable, c'est-à-dire qu'il a été promis par contrat dans son principe et que son montant est déterminé ou doit l'être sur la base de critères objectifs prédéterminés comme le bénéfice, le chiffre d'affaires ou une participation au résultat de l'exploitation, et qu'il ne dépend pas de l'appréciation de l'employeur, il doit être considéré comme un élément du salaire (variable), que l'employeur est tenu de verser à l'employé »* (ATF 141 III 407, ch. 4.1 ; ATF 136 III 313, ch. 2 ; ATF 129 III 276, ch. 2). Le bonus est ainsi transformé en un élément de salaire, non soumis à l'art. 322 d al. 2 OSE et, en cas de résiliation des rapports de travail, il doit être versé en fonction de la durée des rapports de travail (ATF 109 II 447, ch. 5) durée des rapports de travail (ATF 109 II 447, ch. 5c).

118. La Formation estime donc que la CSJ de la FIFA a eu raison de considérer que la prime pour la qualification à la Coupe du monde de la FIFA 2022 était due au prorata en tenant compte du nombre de matchs nécessaires pour cette qualification par rapport au nombre de matchs joués par l'équipe nationale sous la supervision de l'entraîneur.

119. En conséquence, l'entraîneur a droit à une prime de 37 500 EUR et la décision attaquée est confirmée à cet égard et en ce qui concerne les salaires mensuels impayés dus.

b) Quelle est l'indemnité accordée à l'entraîneur ?

120. Ayant établi que la FECAFOOT doit payer à l'entraîneur les montants totaux de 213 750 EUR, à titre de rémunération impayée, et de 37 500 EUR, à titre de bonus impayé, tels que retenus dans la Décision d'appel, la Formation doit maintenant déterminer le montant de l'indemnité due à l'entraîneur pour la résiliation du Contrat sans juste cause par la FECAFOOT.

121. Pour résoudre cette question, le Panel souhaite se référer à l'article 6 para. 2 de l'annexe 2 du RSTP de la FIFA. Cette disposition prévoit que, sauf disposition contraire du contrat, l'indemnité pour rupture sera égale à la valeur résiduelle du contrat qui a été résilié prématurément alors qu'aucun nouveau contrat de travail n'a été conclu.

122. En l'espèce, le Contrat ne prévoit pas les conséquences financières en cas de résiliation sans juste cause. Ainsi, et considérant que l'Entraîneur n'a signé aucun nouveau contrat, le Panel calculera la valeur résiduelle du Contrat.

123. Le Panel note que le salaire mensuel de l'Entraîneur correspondait à 90 000 EUR, à répartir proportionnellement au sein de son équipe. Le Contrat devait prendre fin le 19 septembre 2023. Ainsi, à la date de la résiliation le 28 février 2022, la valeur résiduelle du Contrat était de 1 674 000 EUR (18 mois et 19 jours, soit EUR 1.620.000 plus EUR 54.000).

124. L'Entraîneur n'ayant pas signé de nouveau contrat après le 28 février 2022, et considérant que la FECAFOOT n'a pas contesté les efforts de recherche d'emploi de l'Entraîneur ni prouvé qu'il avait manqué à son devoir de limiter son préjudice conformément au droit suisse, le montant de 1 674 000 EUR ne sera pas réduit.

125. Cependant, le Panel ne peut pas aller à l'encontre du principe « non ultra petita » — qui prévoit qu'une partie ne peut se voir accorder rien de plus ou de différent de ce qu'elle a demandé ni de moins que ce que la partie adverse a reconnu — et revoir à la hausse le montant accordé par le CSJ de la FIFA en faveur de l'Entraîneur. Par conséquent, même si, de l'avis du Panel, l'indemnité pour rupture de contrat due à l'Entraîneur s'élève à 1 674 000 EUR dans le cas présent, le Panel ne peut pas s'écarter à la hausse de la Décision attaquée à cet égard étant donné que l'Entraîneur n'a pas fait appel.

126. En conséquence, la décision attaquée doit également être confirmée en ce qui concerne l'indemnité due à l'entraîneur, ainsi que les restrictions connexes de l'article 8 al. 2 let. b) de l'annexe 2 du RSTP de la FIFA imposée par la CFP de la FIFA à la FECAFOOT.

B. CONCLUSION

127. Sur la base de ce qui précède et après avoir pris dûment en considération tous les éléments de preuve produits et toutes les observations formulées, le groupe spécial conclut que :

i) La Chambre du statut du joueur (CSJ) de la FIFA était compétente pour traiter l'affaire.

ii) La FECAFOOT est responsable des conséquences financières de la résiliation du contrat.

iii) La FECAFOOT a résilié le contrat sans motif valable le 28 février 2022.

iv) La décision attaquée est confirmée dans son intégralité.

128. La conclusion ci-dessus rend inutile l'examen par le groupe spécial des autres demandes et observations présentées par les parties. En conséquence, toutes les autres requêtes ou demandes de réparation sont rejetées.

IX. COUTS (...).

OBSERVATIONS

Le principe de la stabilité contractuelle dans le football élaboré par la Fédération Internationale de Football Association (FIFA) est constamment mis à l'épreuve à l'occasion des compétitions nationales et internationales. Selon le règlement FIFA sur le statut et le transfert du joueur, divers éléments permettent de cerner les contours de ce principe :

- Un contrat peut prendre fin uniquement à son échéance ou d'un commun accord ;

- Un contrat peut être résilié avant son terme par l'une ou l'autre partie sans paiement d'indemnités lorsqu'il y'a juste cause ;
- Un contrat peut être résilié par un joueur professionnel pour juste cause sportive ;
- Enfin, un contrat ne peut être résilié en cours de saison.

La notion de juste cause, qui apparaît comme la pierre angulaire du principe de la stabilité contractuelle dans le football n'a jamais fait l'objet d'une appréhension unanime tant en doctrine qu'en jurisprudence. La sentence arbitrale rendue par le Tribunal Arbitral du Sport (TAS) en juin 2022 dans l'affaire opposant la FECAFOOT au sieur ANTONIO CONÇEICAO DA SILVA, constitue une parfaite illustration de cette appréhension différenciée du concept de juste cause par les acteurs impliqués dans un litige sportif.

En l'espèce, en date du 27 août 2021, le gouvernement de la République du Cameroun, représenté par son Ministre des Sports et de l'Éducation Physique et la FECAFOOT d'une part et l'entraineur susnommé d'autre part, ont signé un contrat de travail pour un poste d'entraineur- sélectionneur de l'équipe nationale « Lions Indomptables », valable du 20 septembre 2021 au 19 septembre 2023. La signature de ce contrat fait suite à une première relation contractuelle entre les parties qui a débuté le 4 octobre 2019 et à une lettre du Ministre d'État, Secrétaire Général de la Présidence de la République du Cameroun adressée au Ministre des Sports confirmant que le Chef de l'État acceptait de prolonger la relation contractuelle de l'entraineur. Conformément aux stipulations contractuelles, tout en leur reconnaissant des prérogatives (droits), les différentes parties devaient assurer en même temps des obligations contractuelles. Ainsi, les obligations de l'entraineur-sélectionneur consistaient à :

- Mettre tout en œuvre pour gagner la Coupe d'Afrique des Nations 2021 ou tout au moins atteindre la finale ;
- Qualifier le Cameroun à la phase finale de la Coupe du Monde 2022 ;
- Améliorer la place du Cameroun dans le classement FIFA en le hissant au premier rang africain pendant la durée d'exécution du contrat.

Les obligations du gouvernement, qui étaient de nature financière, comprenaient notamment les éléments suivants : « *[…] le paiement des rémunérations et avantages convenus conformément aux stipulations du présent contrat […]* ». Quant aux obligations de la FECAFOOT, elles étaient principalement de nature sportive et exceptionnellement financière relativement à l'exécution de certaines dépenses, notamment :

- Les frais de voyage, téléphone de service, carte de crédit ;
- Le paiement des bonus liés aux jeux.

En contrepartie des obligations attachées au contrat, chacune des parties détenait des droits à faire valoir. Pour l'entraineur, il avait le droit de percevoir pour lui et son staff, un salaire mensuel net d'impôts, taxes et charges sociales (net à percevoir) de quatre-vingt-dix mille euros (90 000 €) qui devait être viré dans un compte bancaire ouvert soit au niveau local soit à l'étranger et dont les coordonnées devraient être communiquées aux services financiers compétents du Ministre chargé des Sports. De plus, l'entraineur devait recevoir conformément à l'article 8 du contrat, un montant de cinquante mille euros (50 000 €) en cas de qualification de l'équipe nationale pour la coupe du monde FIFA 2022.

Pour la FECAFOOT et/ou le gouvernement, ils avaient le droit de résilier le contrat dans les conditions suivantes :

- a) en cas de non-respect d'une quelconque des obligations de l'entraineur-sélectionneur ;
- b) en cas de négligence grave après au moins une sommation interpellative pour y mettre un terme.

En janvier et février 2022, le Cameroun accueille la Coupe d'Afrique des Nations. Le 3 février 2022, l'équipe nationale perd contre l'Égypte en demi-finale de la Coupe d'Afrique des Nations. Le 5 février 2023, l'équipe nationale du Cameroun gagne contre le Burkina Faso et termine à la troisième place de la CAN. Le 7 février 2022, le Président de la République du Cameroun adresse une lettre au capitaine de l'équipe nationale, Monsieur Vincent ABOUBAKAR pour inviter les Lions Indomptables à continuer à faire preuve de motivation et de cohésion afin d'être prêt pour les grandes échéances sportives à venir. Le 13 février 2022, lors d'une interview sur CRTV WEB, le Ministre des Sports confirme que l'entraineur serait maintenu à son poste en tant qu'entraineur-sélectionneur de l'équipe nationale. Le 28 février 2022, le président de la FECAFOOT met fin au contrat de l'entraineur en lui envoyant une lettre à cet effet. Le même jour, le Ministre des Sports a par communiqué de presse désigné le nouvel encadrement technique des Lions Indomptables du Cameroun. Le 4 mars 2022, l'entraineur, par l'intermédiaire de son avocat, envoie une lettre à la FECAFOOT et au Ministre des Sports pour contester la résiliation de son contrat assortie d'une réclamation financière. Le 18 mars 2022, l'entraineur dépose une réclamation auprès de la FIFA demandant le paiement d'un montant total de 1 603 500 €. Le 7 juin 2022, le juge unique de la chambre du statut du joueur du tribunal du Football de la FIFA condamne la FECAFOOT à payer d'importantes sommes d'argent à monsieur CONCEIÇAO aux titres d'arriérés de salaires assortis des intérêts, de bonus impayés et d'indemnités de rupture de contrat sans juste cause assortie des intérêts. Le 13 juillet 2022, la FECAFOOT dépose une déclaration d'appel auprès du TAS, contestant la décision du tribunal du Football de la FIFA. Conformément aux articles R47 et R48 du code TAS.

De la confrontation des prétentions et arguments des parties contenus dans leurs mémoires d'appel respectifs, la formation d'arbitres a été appelée à répondre aux quatre questions essentielles ci-après :

1. La chambre du statut du joueur de la FIFA était-elle compétente pour connaitre du litige entre la FECAFOOT et l'entraineur ?
2. Dans l'affirmative, la FECAFOOT est-elle responsable des paiements dus à l'entraineur en vertu du contrat ?
3. Dans l'affirmative, le contrat a-t-il été résilié le 28 février 2022 avec ou sans juste cause ?
4. Quelles sont les conséquences financières de la réponse du panel à la troisième question dans ce cas précis ?

Les réponses que le panel a apportées aux deux premières questions sont d'une telle évidence (en droit du football) qu'elles ne nécessitent pas d'amples commentaires. Nous nous contenterons néanmoins de les évoquer de façon platonique :
sur la question de savoir si la Chambre du Statut du Joueur du tribunal de la FIFA était compétent pour connaitre du litige entre la FECAFOOT et l'entraineur relatif à la résiliation du contrat, il convient de dire que la FIFA s'est déclarée compétente sur la base de ses règlements précisément celui sur le statut et le transfert du joueur. Pour soutenir cette compétence, la Formation du TAS déclare ce qui

suit : « *A titre de remarque préliminaire, le Panel note que la chambre du statut du joueur de la FIFA est habilitée d'office à décider de sa propre compétence, ce qui implique le pouvoir de déterminer si un litige est lié à l'emploi entre une association et un entraineur de dimension internationale conformément à l'article 22 para.1(6) du règlement FIFA sur le statut et le transfert du joueur. En l'espèce, il est incontestable qu'il s'agit d'un litige en matière d'emploi entre une association et un entraineur de dimension internationale compte tenu de la nationalité portugaise de l'entraineur, ce qui justifie la compétence de la chambre du statut du joueur de la FIFA » (lire sur la question, TSASSE SAHA (G.G), « Le contentieux international du travail en milieu sportif : le cas du football », Tropica, périodique de droit mixte et de sciences politiques, édition de mai 2024, pp. 9 à 26).*

- Toutefois, le Panel laisse croire plus loin que, c'est en raison de l'évocation tardive de l'exception d'incompétence de l'arbitre par la FECAFOOT qui est en réalité une fin de non-recevoir, que sa prétention a été rejetée. Pour s'en convaincre, il s'appuie sur le droit Suisse qui a vocation à s'appliquer à titre subsidiaire. De façon méthodique et progressive, ledit panel convoque l'article 186 para. 2 de la Loi suisse sur le droit international privé (» LDIP »), qui se lit comme suit : « *L'exception d'incompétence doit être soulevée préalablement à toute défense sur le fond.* » Puis la jurisprudence du Tribunal fédéral suisse qui prévoit notamment que « *Dès que le défendeur [...] a procédé sur le fond sans avoir préalablement soulevé l'exception d'incompétence de l'arbitre, il est désormais déchu du droit de soulever ultérieurement » (ATF 120 II 155).* Et de conclure que : « *Par conséquent, conformément au droit suisse, la Formation considère que si la FECAFOOT avait une objection à la compétence du CSJ de la FIFA, elle aurait dû soulever une telle objection au cours de la procédure devant la FIFA en tant qu'affaire initiale. Or, elle ne l'a pas fait. Dans une lettre adressée à la CSJ de la FIFA le 21 avril 2022, la FECAFOOT a en effet brièvement commenté le fond de l'affaire — affirmant que le Contrat avait été conclu avec le Ministre des Sports — et a noté que la question serait analysée par le CSJ de la FIFA. La FECAFOOT est donc forclose à soulever l'exception d'incompétence dans la procédure d'arbitrage ultérieure et actuelle devant le TAS »*. Au surplus, le panel note que, le fait qu'à aucun moment la FECAFOOT n'a demandé, que ce soit au CSJ de la FIFA ou au TAS, la suspension de la procédure pour permettre une conciliation ou une médiation du TAS entre les Parties, ajouté au silence gardé lorsque le Greffe du TAS lui a proposé une procédure de médiation ; ne peuvent raisonnablement être interprétés que comme une renonciation à procéder aux procédures de conciliation et de médiation prévues au Contrat.

C'est dire au final que les dispositions de l'article 22 para.1(6) du règlement FIFA sur le statut et le transfert du joueur sur la compétence internationale de la chambre du statut du joueur de la FIFA et plus largement du tribunal de football de la FIFA ne sont pas d'ordre public. Les parties peuvent y déroger par des dispositions particulières de leur contrat ou convention et invoquer l'exception d'incompétence de la FIFA et du TAS *in limine litis* successivement au cours des procédures devant la FIFA et le TAS.

- **Relativement à la question de savoir si la FECAFOOT est responsable des paiements dus au coach en vertu du contrat**, il importe de rappeler que la FECAFOOT a soutenu que le Ministère des Sports était le seul responsable de toutes les obligations financières découlant du contrat, ce qui est attesté par le fait que tous les paiements ont. été effectués par ledit Ministère. L'entraineur quant à lui a soutenu que le président de la FECAFOOT a décidé de résilier son contrat et que la FECAFOOT serait donc responsable des conséquences de cette résiliation. Au vu de ce qui précède, le panel considère que le contrat comportait tous les éléments essentiels d'un contrat de travail conformément à l'annexe 2 du règlement FIFA sur le statut et le transfert du joueur. Elle poursuit en déclarant que la relation contractuelle et hiérarchique avec la FECAFOOT et non avec le Ministère des Sports ce qui est conforme aux dispositions de l'article 2 Alinéa 1 de l'annexe 2 (Règles relatives à l'emploi des entraineurs) qui précisent : « un entraineur doit avoir un contrat écrit avec un club ou une association, signé individuellement ». En conséquence, le Panel est d'avis que la FECAFOOT était l'employeur de fait de l'Entraîneur et est donc responsable des paiements dus en vertu du Contrat, d'autant plus lorsqu'elle est la partie qui a décidé de résilier le Contrat *(Cet argument du TAS tiré de la théorie de l'employeur de fait emporte pas notre adhésion et pour cause, la FECAFOOT bien que n'étant partie ni à la signature du contrat de travail initial de l'entraineur du 04 octobre 2019 ni à son renouvellement du 27 août 2021 a néanmoins utilisé celui-ci durant l'exécution de son contrat au point de le résilier avant le terme convenu).*

À l'inverse, en raison de la complexité des deux dernières questions et de l'ingénierie juridique mise en œuvre par le panel pour y apporter des réponses claires, nous allons nous atteler à les analyser en profondeur. Ainsi, à la question de savoir si le contrat de travail résilié le 28 février 2022 l'a été avec ou sans juste cause, la commission note que conformément à la pratique du Tribunal Arbitral du Sport (TAS 2011/A/2596 paragraphe 9), l'absence (ou la non-atteinte) des résultats sportifs ne peut, en règle générale, constituer en soi un motif de résiliation de la relation contractuelle pour juste cause (I). Par conséquent, la formation conclut que la résiliation du contrat par la FECAFOOT a été faite sans motif valable. Enfin sur les conséquences financières de la rupture du contrat de travail sans juste cause, la formation des arbitres a ordonné le paiement à l'entraineur sélectionneur divers droits pécuniaires (II) notamment, les arriérés de salaire, la prime de qualification à la Coupe du Monde 2022 au prorata de la prime complète s'élevant à 50 000 € et l'indemnité de rupture du contrat pour absence de juste cause.

I. LE REJET DE L'ABSENCE OU DE LA NON-ATTEINTE DES RÉSULTATS SPORTIFS DES MOTIFS DE RÉSILIATION DU CONTRAT DE TRAVAIL POUR JUSTE CAUSE

La notion de juste cause a fait l'objet d'une tentative de définition dans le règlement FIFA sur le statut et le transfert du joueur. On lira à l'article 14 alinéa 2 dudit règlement ce qui suit : « *tout comportement abusif d'une partie visant à forcer l'autre à résilier ou à modifier les termes du contrat comme droit à l'autre partie (joueur ou club) de résilier le contrat pour juste cause* ».

Cette définition légale de la juste cause qui met l'accent sur le critère de l'abus dans le comportement d'une partie au contrat contraste quelque peu avec la définition jurisprudentielle, notamment celle retenue par le tribunal arbitral du sport basée sur la gravité du comportement d'une partie à la relation contractuelle *(TAS, 22 juin 2021, affaire Athlétique BIZERTIN c/ SAOUD II ISHBAID)*. En s'appuyant sur le concept de justes motifs du droit Suisse, l'arbitre du TAS dans l'affaire suscité déclare que seul un manquement particulièrement grave justifie le licenciement immédiat d'un travailleur ou l'abandon abrupt du poste par ce dernier. En sens inverse, lorsque le manquement est moins grave, celui-ci ne peut entrainer une résiliation immédiate que s'il a été répété malgré un avertissement.

En tout état de cause, en rejetant l'absence ou la non-atteinte des résultats sportifs des hypothèses de rupture du contrat de travail pour juste cause, la formation du TAS s'est appuyée aussi bien sur les arguments factuels (A) que juridiques, notamment, la règle du précédent (B).

A- UN REJET JUSTIFIÉ PAR DES ARGUMENTS FACTUELS

La formation arbitrale du TAS observe que concernant l'objectif lié à la CAN, le contrat de travail prévoyait la formulation suivante : « Mettre tout en œuvre pour gagner la CAN 2021 ou tout au moins atteindre la finale ». Selon l'interprétation qui a été faite par ladite formation, « l'entraineur doit faire tous les efforts pour remporter la CAN ou atteindre la finale ». Elle est d'avis avec l'entraineur au regard de la formulation de cette disposition du contrat qu'« un tel objectif n'était pas une obligation du contrat ». D'ailleurs, elle observe que l'équipe nationale a terminé à la troisième place, ce qui est, en tout état de cause, un très bon résultat. En plus, elle s'est qualifiée pour la Coupe du Monde FIFA 2022. Pour conclure, la formation convient avec

l'entraineur que le résultat final de l'équipe nationale à la CAN ne constituait pas un motif valable de résiliation du contrat pour juste cause. Autrement dit, selon le TAS dans cette espèce, l'entraineur n'assumait pas d'obligations de résultat (*Cette solution nous inspire une autre réflexion. Celle de savoir si la position du tribunal arbitral aurait été la même si les parties avaient expressément inséré une ou plusieurs clauses de résultats dans le contrat d'entraineur.*

. En droit du travail comme en droit du sport, les clauses de résultats dans les contrats sont des dispositions spécifiques qui fixent des objectifs ou des performances à atteindre pour le travailleur ou le sportif afin d'obtenir une rémunération ou une prime supplémentaire. Bien que leur validité fasse l'objet de controverses, en règle générale, certaines conditions jugées nécessaires sont requises pour leur admission :

- *les objectifs sportifs doivent être clairement définis et mesurables avec des critères précis pour évaluer si le sportif les a atteint ou non ;*
- *les clauses ne doivent ni être abusives ni entraver la liberté du sportif. Elles doivent également respecter les règles générales en matière de rupture du contrat de travail ;*
- *enfin, la sanction liée à la non-atteinte des objectifs et le bonus ou la récompense liée à la performance doivent être clairement prévues dans le contrat).*

Cette solution avait déjà autrefois été consacrée par le TAS dans une affaire qui posait une problématique similaire.

B- UN REJET JUSTIFIÉ PAR L'ÉVOCATION DE LA RÈGLE DU PRÉCÉDENT

Le précédent en Droit se définit selon le vocabulaire juridique comme « une décision antérieure prise comme référence, relativement à une décision à prendre, solution déjà adoptée par le passé dans une affaire ou des circonstances semblables » (G. CORNU, *Vocabulaire Juridique,* 12e Ed., 2018, PUF, voir : Précédent). L'une des premières décisions du TAS dans laquelle, elle a rejeté l'absence ou la non-atteinte des résultats sportifs comme motif permettant de mettre fin à une relation contractuelle pour juste cause fut l'affaire **ANORTHOSIS FAMAGUSTA FC c/ERNST MIDDENDORP du 29 février 2012** *(Arbitrage TAS 2011/A/2596 affaire ANORTHOSIS FAMAGUSTA FC c/ ERNST MIDDENDORP, Sentence du 29 Février 2012).*

Dans cette affaire, l'ANORTHOSIS FAMAGUSTA, club de football chypriote a conclu le 11 mai 2009, un contrat de travail avec le sieur ERNST MIDDENDORP, entraineur de football de nationalité allemande et dont la date de prise d'effet a été conjointement arrêtée au 1er juin de la même année (accords initial et complémentaire). Dans les conditions générales du contrat, le sieur Ernst s'engage à fournir ses services en tant qu'entraineur-chef de football à temps plein

et à respecter les règlements concernant les questions techniques, sportives et disciplinaires exigés ou spécifiés par l'employeur. En contrepartie de ses obligations contractuelles, l'entraineur a droit à diverses indemnités et primes. S'agissant des contions de résiliation du contrat, la formation arbitrale du TAS note que selon les conditions générales des deux accords passés entre l'équipe et l'entraineur, « le présent contrat peut être résilié et/ou suspendu (selon le cas) pour l'une des raisons suivantes : (...) (b) En cas de violation ou de manquement à des conditions très graves du présent contrat par l'entraineur. (...) d) unilatéralement pour un motif très grave (...) » *(Toujours selon les stipulations contractuelles, on entend par « motif très grave », toute violation et/ou manquement grave aux conditions du contrat et aux règles disciplinaires de l'employeur et/ ou de l'AFC et/ ou comportement fautif constant et/ ou à la conduite de l'une des parties).*

En juillet 2009, le requérant a résilié les deux accords en raison de la violation alléguée par le défendeur, des termes de ces accords et du règlement intérieur y compris en particulier, « du chapitre concernant la performance de l'équipe qui a été mise en place par le défendeur ». La requérante note au surplus que « (...) la performance de notre équipe dans les matchs européens n'a pas été à la hauteur des normes requises par le club et la discipline des joueurs de l'équipe n'a pas été à la hauteur des normes acceptables, ce qui a entrainé la disqualification du club des compétitions européennes ».

Il s'est posé la question de savoir si le contrat qui liait les parties a été résilié pour un motif valable par le requérant en raison de la violation par le défendeur de ses clauses. A cette préoccupation, la formation arbitrale note que conformément à la pratique du TAS, l'absence de résultats sportifs ne peut, en règle générale, constituer en soi un motif de résiliation contractuelle pour juste cause. En pareilles circonstances, des conséquences financières découlent naturellement.

II. LES CONSÉQUENCES FINANCIÈRES DE LA RÉSILIATION D'UN CONTRAT DE TRAVAIL SANS JUSTE CAUSE

Les conséquences financières de la rupture du contrat de travail d'un entraineur sans juste cause tirent leur fondement principal de l'article 6 paragraphe 2 de l'annexe 2 du règlement du statut et du transfert du joueur de la FIFA. Ce texte part du principe que dans tous les cas de résiliation du contrat sans juste cause, la partie ayant rompu le contrat est tenue de payer une indemnité
(B). Cependant, avant de verser cette indemnité de rupture, il faut toujours s'assurer qu'il n'existe pas d'arriérés de salaires au jour de la rupture auquel cas, il est important de les réclamer de même que des primes éventuellement dues (A).

A- LES RAPPELS DES SALAIRES DUS À L'ENTRAINEUR ET DE LA PRIME SPÉCIALE DE QUALIFICATION DE L'ÉQUIPE NATIONALE A LA COUPE DU MONDE 2022

Au cours de la procédure, la FECAFOOT n'a pas contesté les salaires mensuels restants dus à l'entraineur. En s'appuyant sur la décision attaquée du tribunal de la FIFA, la formation du TAS a confirmé qu'un montant total de 213 750 € était dû à l'entraineur au titre de salaires mensuels impayés répartis comme suit :

- 11 250 euros au titre de la partie restante du salaire d'octobre 2021.
- 11 250 euros au titre de la partie restante du salaire de novembre 2021
- 11 250 euros au titre de la partie restante du salaire de décembre 2021

- 90 000 euros au titre du salaire complet de janvier 2022
- 90 000 euros au titre du salaire complet de février 2022. Il faut rappeler que le montant total devra être réparti entre l'entraineur et les autres membres de son staff proportionnellement aux stipulations contractuelles.

Plus délicate est la prime spéciale de qualification à la Coupe du Monde d'un montant de 37 500 euros que la FECAFOOT conteste. Pour répondre clairement à cette préoccupation, la chambre du TAS organise de manière chronologique son argumentaire. Tout d'abord, elle constate que l'équipe nationale s'est qualifiée pour la coupe du monde FIFA 2022. Elle constate ensuite qu'avec l'entraineur, l'équipe nationale a gagné 5 matchs et en a perdu 1 et qu'il restait 2 matchs pour qualifier définitivement ladite équipe à la coupe du monde. Elle poursuit en relevant qu'une prime de 50 000 € avait été promise en cas de qualification pour la coupe du monde 2022. Enfin en se référant au droit Suisse applicable à titre subsidiaire, la chambre décide qu'en cas de résiliation des rapports de travail, la prime spéciale doit être versée en fonction de la durée desdits rapports, c'est-à-dire proportionnellement au nombre de matchs joués par l'équipe nationale sous la supervision de l'entraineur. C'est conformément à ce raisonnement que la Formation a conclu que « (...) l'entraineur a droit à une prime de 37 500 euros (...) ».

Le raisonnement juridique exposé par la formation arbitrale et qui a conduit à l'attribution à l'entraineur de la prime de qualification à la coupe du monde, diffère à divers égards de celui ayant fondé le versement à celui-ci, d'une indemnité pour rupture de contrat sans juste cause.

B- L'INDEMNITÉ DUE POUR RÉSILIATION DU CONTRAT DE TRAVAIL SANS JUSTE CAUSE

Pour rappel, c'est l'article 6 paragraphe 2 de l'annexe 2 du règlement FIFA sur le statut et le transfert du joueur qui traite du régime de l'indemnité due au cas de résiliation du contrat de travail d'un entraineur sans juste cause. Cette disposition prévoit que, sauf disposition contraire du contrat, l'indemnité pour rupture sera égale à la valeur résiduelle du contrat qui a été résilié prématurément alors qu'un nouveau contrat de travail n'a été conclu.

La Formation note que le salaire mensuel de l'entraineur correspondait à 90 000 euros (y compris son staff). Le contrat résilié le 28 février 2022 devait prendre fin, normalement, le 19 septembre 2023 soit 18 mois 19 jours après. Ainsi à la date de résiliation, la valeur résiduelle du contrat était de 90 000 euros × 18 mois et 19 jours, soit 1 674 000 euros. L'entraineur n'ayant pas signé de nouveau contrat après la résiliation du 28 février 2022 et la FECAFOOT n'ayant pas contesté les efforts de recherche d'emploi de celui-ci ou prouvé qu'il avait manqué à son devoir de limiter son préjudice conformément au droit Suisse, la Formation confirme que le montant arrêté au titre d'indemnité due ne serait pas réduit.

L'obligation de minimiser le dommage consacré par le Droit Suisse et entérinée par la FIFA et le TAS devrait à notre sens inspirer le législateur social camerounais à l'occasion des réformes à venir. En effet, consacrée depuis longtemps par le droit du commerce international privé et de nombreux droits étrangers, cette obligation, connue sous le terme anglais de « duty to mitigate damage », intervient dans le calcul du montant des dommages et intérêts qui peuvent être attribués en cas d'inexécution du contrat. Elle a pour fonction, d'imposer au créancier, d'atténuer son préjudice, s'il est raisonnable pour lui de le faire, normalement en s'assurant d'une exécution de substitution. En cela, elle incite le créancier malheureux à ne pas rester passif face à l'inexécution des obligations par le débiteur et tend surtout à limiter les conséquences de celle-ci au profit des deux parties (Sur la question, lire, A-S. COURDIER- CUISINIER, *Le solidarisme contractuel*, LITEC 2006, pp. 606 et ss).

CONCLUSION

En définitive, la notion de juste cause est d'une appréhension malaisée auprès des acteurs sportifs. Cela est compréhensible quand on sait qu'à l'origine, le règlement sur le statut et le transfert du joueur ne définissait pas ce concept. Ce n'est qu'à partir de juin 2021 que la FIFA revient à la charge en créant un article 14 bis dans son règlement sur le statut et le transfert du joueur qu'elle consacre à la définition du concept. Malgré cette avancée, le contenu de cette définition ne fait pas l'unanimité devant les juridictions sportives nationales (tribunal du Football de la FIFA et te Tribunal Arbitral du Sport). Plus encore, les hypothèses légales de rupture du contrat pour juste cause sont souvent complétées par la jurisprudence sportive internationale.

Le motif lié à l'«absence ou la non-réalisation résultats sportifs » souvent invoqué à l'égard des joueurs et des entraineurs pour justifier la cessation de leur relation de travail à l'initiative de l'association (fédération sportive) ou du club-employeur fait l'objet d'un contentieux de plus en plus grandissant devant les juridictions sportives internationales. Bien heureusement, ces juridictions sont constantes dans leurs positions : l'absence ou la non-atteinte des objectifs ou résultats sportifs ne constitue pas un motif valable de rupture de contrat de travail pour juste cause.

Peut-être, est-il venu le moment d'insérer ce motif dans le règlement FIFA sur le statut et le transfert du joueur afin de permettre une meilleure accessibilité à la règle !

BIBLIOGRAPHIE

I- OUVRAGE

A-S. COURDIER-CUISINIER, *Le solidarisme contractuel*, LITEC 2006, 741 P.

THESES DE DOCTORAT

1- BAKEHE (D), *Les conflits sportifs au Cameroun et leurs règlements*, thèse pour l'obtention du grade de Docteur, Université de Bourgogne, 2018, 498 P.
2- OMBE ALIMA (D), *La gestion du contentieux sportif en droit camerounais*, thèse de Doctorat/Ph.D en droit privé, Université de Douala, année académique 2020-2021, 369P.

ARTICLES DE DOCTRINE

3- CHAUSSARD (C), « Juge du contentieux sportif : diversité et coexistence », études thématiques, éditions Droitdusport.com, décembre 2010.
4- LOQUIN (E), « Sport et droit international », études thématiques, éditions Droitdusport.com, mars 2008.
5- SIMON (G), « Pouvoir normative des fédérations sportives », études thématiques, éditions Droitdusport.com, mars 2009.
6- TSASSE SAHA (G.G) « Recherche sur le concept de juste cause dans le droit du football », in J.J NOUYADJAM et *alii*, (sous la direction de), *La dynamique des fédérations sportives : aspects*

juridiques, politiques et économiques, actes du colloque tenu les 09 et 10 mai 2024 à Yaoundé-Cameroun, Scidev Afrique 2025, pp. 259 à 282.

7- TSASSE SAHA (G.G), « Le contentieux international du travail en milieu sportif : le cas du football », Tropica, périodique de droit mixte et de sciences politiques, édition de mai 2024, pp. 9 à 26.

TEXTES

1. Règlement FIFA sur le statut et le transfert du joueur (version de juin 2021)
2. Règlement FIFA sur le statut et le transfert de joueur (version de mars 2022)
3. Règlement FIFA sur le statut et le transfert du joueur (version de février 2024)
4. Statuts de la FIFA, édition de mai 2022.
5. Charte olympique, état en vigueur au 17 juillet 2020
6. Loi n° 2018/014 du 11 juillet 2018 portant organisation et promotion des activités physiques et sportives au Cameroun

JURISPRUDENCE

7. TAS, 2011/A/2596, affaire ANORTHOSIS FAMAGUSTA FC C/ ERNST MIDDENDORP, sentence du 29 février 2012

ACTUALITE JURIDIQUE

RAPPORT DE SYNTHESE DU COLLOQUE : « SPORT ET DROIT SOCIAL AU CAMEROUN »

KANCHOP Thierry Noël
Maître de conférences en Droit Privé
et Sciences Criminelles
Université de Yaoundé ll

Compte tenu du temps qui se fait pression et de la fatigue qui se lie sur les visages, je vais m'inscrire dans un anti conformiste pour déroger à la tradition des civilités d'usage afin d'aller directement à l'objet de ma présence à cette tribune.

Mais avant, permettez-moi quand même de saisir cette tribune, l'occasion faisant le larron et parfois le larron créant l'occasion, pour adresser une plainte publique conte le Professeur TSASSE. En effet, quand j'ai appelé en début d'année le Professeur TSASSE pour lui adresser mes félicitations à l'occasion de son changement de grade, il m'a dit : « *mon frère, enfin on pourra faire de bonnes et de grandes choses ensemble* ». Alors que j'attendais, par exemple, une invitation de ce dernier pour boire du Pétrus en signe de respect de sa promesse, j'ai plutôt reçu de lui, il y a quelques jours, une invitation, mieux, une injonction, à rapporter les travaux de ce colloque. Comprenez mon embarras !

Pour être un peu plus sérieux, lorsque j'ai appris que j'avais été retenu pour faire le rapport de synthèse de ce colloque, deux questions se sont immédiatement imposées à moi. La première était celle de savoir pourquoi le professeur TSASSE SAHA Grégory a-t-il pensé que ma modeste personne pourrait être à la hauteur d'un exercice aussi délicat devant une assemblée aussi remarquable ; la seconde était simple : en réalité, c'est quoi un rapport de synthèse ?

En espérant que mon ami et frère le Professeur TSASSE me donnera une réponse à la préoccupation première, je me suis permis, avant toute chose et dans un souci de bonne compréhension de la mission à moi confiée, de chercher les éléments de réponse à la seconde interrogation. Le dictionnaire Le petit robert a servi de point de départ de compréhension de la notion de synthèse. J'y ai retenu que la synthèse est une opération intellectuelle par laquelle on rassemble divers éléments de connaissance en un ensemble cohérent ; le rapport de synthèse constituant par conséquent cet exposé oral ou écrit qui réunit cette diversité des éléments de connaissance dans un ensemble cohérent.

Ayant alors compris que la synthèse, par essence, consiste à l'association méthodique des différences pour établir la cohésion et l'harmonie, je me suis rendu compte que c'est en réalité à cet exercice que l'ensemble des différents exposants (précisément 13) se sont livrés dans cette salle autour du thème « **sport et droit social au Cameroun** ».

En effet, les relations entre le droit social et le sport charrient une multitude de problématiques notamment celle de la détermination de la nature de la relation qui lie un sportif à un club, celle de l'adaptation ou de l'adaptabilité du droit social aux activités sportives, celle du concours de compétences dans le domaine du contentieux relativement à la capacité des juridictions sportives à traiter convenablement du contentieux de la sécurité sociale dans lequel est impliqué un sportif salarié.

Dans un contexte où l'étude de la relation entre le sport et le droit social au Cameroun n'a pas encore été suffisamment explorée par la doctrine camerounaise, les différentes communications, objet de ce colloque, s'inscrivent justement dans la poursuite de cette exploration avec pour but de rechercher, mieux de construire, une cohérence et une harmonie entre sport et droit social. Vous l'aurez compris, ces différents exposants étaient eux aussi dans une opération intellectuelle de synthèse, mieux de systématisation de la relation entre le sport et le droit social.

Ayant eu l'impression d'avoir enfin cerné l'objet de ma mission de synthèse, non pas de la relation entre sport et droit social au Cameroun, mais de l'ensemble des contributions scientifiques servies ce jour autour de cette relation, permettez-moi Mesdames et Messieurs de rompre les digues de la tradition du plan binaire qui est une coutume chez le juriste, pour vous présenter ce rapport de synthèse successivement en trois points : d'abord le choix du sujet synthétique, ensuite la démarche ou les méthodes utilisées par les exposants et enfin les résultats auxquels ces derniers sont parvenus.

I- SUR LE PREMIER POINT RELATIF AU CHOIX DU SUJET SYNTHETIQUE

L'écrivain français **Etienne de Senancour** disait déjà dans les années 1800 qu'« ***on n'a rien fait si on n'a pas mis d'ensemble à ce qu'on a fait*** ». Ce postulat justifie la nécessité d'agréger les différentes communications objet du présent colloque autour d'un sujet fédérateur. En lisant les objectifs assignés à ce gala scientifique, précisément les objectifs spécifiques, l'on peut remarquer que, et je cite : « *De façon spécifique, le colloque a deux visées : d'une part, elle entend établir un état des lieux du dispositif législatif et réglementaire existant sur les relations professionnelles dans le milieu sportif. D'autre part, il sera question de proposer des perspectives pertinentes d'amélioration de l'existant. L'idée de l'élaboration d'une convention collective nationale des sportifs professionnels salariés ou d'un règlement des fédérations sportives applicable aux sportifs salariés devra sérieusement être prise en compte* » Fin de citation.

Si ces objectifs ont le mérite de clarifier les ambitions scientifiques de ce colloque, ils ne permettent pas d'en déduire aisément l'idée fédératrice des diverses contributions exposées. Néanmoins, un retour sur les discours de la cérémonie d'ouverture pourrait contribuer à déterminer le sujet de synthèse. En effet, après avoir écouté l'allocution du Fondateur et gérant du cabinet NOUYADJAM et ASSOCIATES, Me NOUYADJAM TCHOKOSSI Jean Jacques, celle du secrétaire général du syndicat national des footballeurs camerounais Me **Daniel Blaise NGOS**, et enfin celle du bâtonnier Me KONTCHOU Gabriel, l'on peut subodorer que l'exploration des rapports entre sport et droit social au Cameroun a pour finalité le renforcement de la professionnalisation des activités sportives et par contrecoup l'amélioration du statut du sportif salarié. C'est donc en surfant dans la veine de cette idée que nous nous sommes permis de retenir ceci comme sujet de cette synthèse : **« la contribution du droit social au renforcement de la professionnalisation des activités sportives et de l'amélioration du statut du sportif salarié au Cameroun ».**

Mesdames et Messieurs, si l'on a pu ressortir un dénominateur commun entre les différentes contributions exposées aujourd'hui, encore faut-il cerner la ou les méthodes que ces différents exposants ont fait usage pour scruter la relation entre sport et droit social au Cameroun.

II- SUR LE DEUXIEME POINT RELATIF AUX METHODES UTILISEES PAR LES EXPOSANTS

Il faut noter qu'en s'appuyant sur les travaux de l'épistémologue Thomas Kuhn dans son ouvrage intitulé « La Structure des révolutions scientifiques » paru en 1962, l'appréciation de la méthode, comme moyen de cristallisation d'un paradigme scientifique autour du droit social du sport, ne peut raisonnablement se faire qu'autour d'un sujet défini, mais surtout autour d'un problème identifié et d'une hypothèse de départ. En souscrivant à ce postulat de ce célèbre enseignant de l'Université d'Havard, nous pouvons remarquer que tous les exposants tentaient en réalité de répondre à la question de savoir si **le droit social contribue de manière satisfaisante au renforcement de la professionnalisation des activités sportives et à l'amélioration du statut du salarié sportif au Cameroun ?**

A regarder de près la rubrique réservée à la présentation générale de ce colloque et les différentes sessions qui le structurent, l'on peut observer qu'une hypothèse commune s'imposait de *facto* à tous les intervenants à savoir que **la contribution du droit social au renforcement de la professionnalisation des activités sportives et à l'amélioration du statut du salarié sportif au Cameroun est lacunaire**.

Poursuivant le travail sur le problème sus-évoqué, les différents exposants ont pris la résolution de mettre à l'épreuve de la critique l'hypothèse ainsi imposée pour proposer des perspectives pertinentes d'amélioration du dispositif législatif et réglementaire existant sur les relations professionnelles dans le milieu sportif. Il s'est alors agi pour ces derniers d'organiser, dans leur contribution scientifique respective, leur démarche de manière à vérifier au moins, selon l'heureuse formule de Karl Raimund Popper, la « *vérisimilitude* » de cette conjecture, c'est-à-dire sa ressemblance au vrai ou encore son rapprochement au possible.

Pour y parvenir les différents contributeurs se sont attachés les services de la méthode exégétique qui leur a permis d'établir un état des lieux du dispositif législatif et réglementaire sur les relations professionnelles dans le milieu sportif.

Ils ne se sont pas contentés simplement de présenter cet état des lieux législatif, mais ils ont surtout agi en respectant l'une des lois fondamentales de toute construction doctrinale telle que véhiculé par l'un des maîtres du droit romain Rudoph von Ihering, à savoir :

« respecter scrupuleusement le contenu des règles positives, mais préserver son esprit critique quant au reste ».

La préservation et surtout la manifestation de cet esprit critique chez les exposants a conduit ceux-ci à étudier la question à la lumière de plusieurs disciplines du droit notamment le droit du travail et de la sécurité sociale, le droit des contrats, le droit de la responsabilité civile, les modes alternatifs de résolution de litiges, la procédure civile, les droits de l'homme, le droit du sport, le droit international privé, *etc.* Quelques fois, certains des contributeurs ont examiné la question à la lumière des parangons qu'offre le droit comparé, mais un droit comparé considéré davantage comme une méthode que comme une discipline.

D'autres contributeurs se sont également attachés les services de la casuistique pour apprécier si la jurisprudence contribue elle aussi au renforcement de la professionnalisation des activités sportives et à l'amélioration du statut du salarié sportif.

Tous ces outils d'analyse ont permis aux différents exposants de ce colloque d'aboutir à certains résultats.

III- SUR LE DERNIER POINT RELATIF AUX RESULTATS AUXQUELS SONT PARVENUS LES EXPOSANTS

Il faut remarquer qu'à la question de savoir si **la contribution du droit social au renforcement de la professionnalisation des activités sportives et à l'amélioration du statut du salarié sportif au Cameroun est satisfaisante,** les diverses interventions des exposants s'agrègent autour de deux idées majeures :

- D'une part, **une satisfaction amorcée de la contribution du droit social au renforcement de la professionnalisation des activités sportives et à l'amélioration du statut du salarié sportif au Cameroun ;**
- Et d'autre part **une satisfaction à densifier.**

Sur le premier point relatif à l'amorce de satisfaction du droit social au renforcement de la professionnalisation des activités sportives et à l'amélioration du statut du salarié sportif au Cameroun, l'on peut noter que le droit social procède à la fois à la régulation des rapports non contentieux de subordination dans le milieu du sport et à celle des rapports contentieux impliquant un sportif salarié.

D'abord, sur la régulation des rapports non contentieux de subordination dans le milieu du sport

L'intervention du Professeur **Monique aimée MOUTHIEU**, agrégée des Facultés de Droit, Professeur Titulaire à l'Université de Yaoundé II a servi de socle à cette première idée. En effet, partant du postulat selon lequel l'activité sportive est passée d'une réalité essentiellement ludique à une activité économique, cette dernière est de plus en plus la cause de la conclusion d'un contrat de travail entre un sportif et un employeur, contrat qui fait naître des obligations à la charge de ces parties et qui doit par conséquent être exécuté. Toutefois, madame le professeur MOUTHIEU précise que « ***l'exécution du contrat de travail par le sportif*** » est régulée à la fois par les règles communes de droit du travail et celles issues des réalités sportives ; ce qui confère à cette exécution une dualité normative qui entraîne une spécificité dans sa mise en œuvre, dualité normative qu'il faudra nécessairement articuler au mieux des intérêts du sportif. Pour rendre compte de cette spécificité, l'intervenante a scruté les modalités d'exécution du contrat de travail du sportif tant en période de compétition qu'en période extra-sportive. L'on aura bien retenu que dans l'une comme l'autre situation, le sportif est tenu à une batterie d'obligations.

Et comme toute exécution du contrat de travail du sportif expose ce dernier à des risques, notamment le risque d'accident de travail et le risque d'inaptitude physique ou professionnelle, trois exposants ont bien voulu regarder de plus près cette problématique du risque.

En ce qui concerne le risque d'accident de travail, le **Dr KAMTA FENDOP Elvice Médard,** Chargé de Cours à l'Université de Yaoundé 2 a déroulé une réflexion sur « ***le traitement juridique de l'accident de travail du sportif salarié en droit camerounais*** ». En souhaitant vivement que les accidents survenus au sportif salarié lors des entrainements individuels soient intégrés dans la définition de l'accident de travail du sportif salarié, monsieur KAMTA FENDOP relève que le régime juridique applicable audit accident de travail semble tumultueux. Pour lui, les règles qui s'appliquent en matière d'immatriculation et de prise en charge du sportif salarié ne profitent qu'au footballeur salarié en vertu d'une convention questionnable entre la FECAFOOT et la CNPS ; les autres disciplines sportives étant lésées, et ce, paradoxalement au regard de la dynamique de la professionnalisation dont la vitesse de croisière a été juridiquement enclenchée avec l'entrée en vigueur de la loi n° 2018/014 du 11 juillet 2018 portant organisation et promotion des activités physiques et sportives au Cameroun. De plus, la consécration légale d'une assurance obligatoire pour le sportif salarié et l'institution d'une médecine du travail sportif sont implémentées avec beaucoup de hiatus. Il suggère dès lors que des aménagements soient nécessairement faits tant dans l'énoncé de la règle applicable que dans sa mise en œuvre sur le terrain plus large de la pratique sportive.

Sur la question du risque d'inaptitude physique ou professionnelle, deux exposants ont bien voulu croiser leur regard et même leur fonction autour de l'inaptitude du sportif salarié. Il s'est dans un premier temps agi pour la docteure **ATEBA GUILIWAL Georgette,** Chargée de Cours à l'Université de Yaoundé, de jeter un « ***regard d'universitaire*** » sur la problématique de cette inaptitude en s'interrogeant sur l'adaptation du traitement juridique de l'inaptitude à la réalité sportive. L'intervenante rappelle que malgré le mutisme du code du travail sur la procédure de l'inaptitude professionnelle, plusieurs autres sources du droit social abordent la question, à l'exclusion des textes régissant les activités sportives au Cameroun. Les conclusions de Madame ATEBA GUILIWAL laissent clairement transparaître que la difficile exécution de l'obligation de reclassement en cas d'inaptitude physique du sportif et l'accompagnement lacunaire du sportif salarié inapte constituent des alertes sérieuses pour un encadrement spécial de l'inaptitude du sportif professionnel au Cameroun.

Dans un second temps, il a été question pour **M. Yves Jonathan TCHAMBA TCHABOU**, expert en droit du sport et membre du Cabinet NOUYADJAM & Associates, de jeter un « ***regard de praticien*** » sur cette question de l'inaptitude du salarié sportif. En rappelant que la reconnaissance au Cameroun de la qualité de travailleur salarié au sportif a entrainé le saisissement du sport par le droit social ; Monsieur TCHAMBA TCHABOU relève avec regret que l'absence des textes spéciaux à l'instar d'une convention collective nationale induit une application stricte du droit social dans le sport, et ceci indépendamment de la spécificité de la matière sportive. Ses conclusions visent à analyser et à apprécier cette application du droit social à un domaine aussi particulier que le sport.

C'est peut-être en raison de ces spécificités que regorgent le domaine du sport, que certains exposants s'étaient engagés à mener une réflexion sur les droits du sportif salarié. En effet, tandis que le docteur **Dr**

KOUMENI TCHOUPE Thierry, *Ph. D.* en Droit privé et monsieur **M. René ESSOMBA**, Doctorant en droit du sport à l'Université de Yaoundé II se sont intéressés au droit à la formation professionnelle du sportif salarié, un cadre au service juridique du syndicat national des footballeurs camerounais, représentant de Me **Daniel Blaise NGOS,** empêché, s'est intéressé quant à lui à la liberté syndicale dans le sport.

Sur la question du droit à la formation professionnelle, le Docteur **KOUMENI TCHOUPE Thierry a** mené une réflexion sur « ***le contrat de formation du sportif*** ». L'intervenant rappelle que dans l'optique de valoriser la formation dans le domaine du football, les pouvoirs publics ont mis sur pied l'Académie Nationale de Football (ANAFOOT). Et que pour rentrer dans une académie de formation, le jeune sportif doit conclure avec celle-ci un contrat de formation. Ce contrat est défini par les Règlements généraux de la FECAFOOT qui dispose que : *« Est en formation, tout joueur ayant signé, en cette qualité, un contrat homologué par la FECAFOOT en faveur d'un club (…)»*. Seulement, l'intervenant a relevé avec grand regret qu'en dehors de ce texte et plus ou moins de la loi n° 2018/010 du 11 juillet 2018 régissant la formation professionnelle au Cameroun, le législateur fédéral ne fait aucune autre précision concernant le contrat de formation. Son contenu étant abandonné à la totale liberté des parties, ce qui constitue un réel risque pour le jeune sportif. Son intervention aura eu le mérite de ressortir le cadre juridique qui entoure le contrat de formation du footballeur de sa conclusion, en passant par son exécution jusqu'au règlement du contentieux qui pourrait en découler.

M. René ESSOMBA a abordé quant à lui différemment cette problématique du droit à la formation en se posant la question de savoir si « ***la formation professionnelle continue du sportif salarié est une obligation ou une faculté de l'employeur* ?** » Répondant à son questionnement, le communicant affirme que la formation professionnelle continue du sportif salarié est une obligation dont le club employeur est débiteur. Toutefois, remarque-t-il, cette obligation est à la fois timidement invitée et sérieusement éprouvée. C'est la raison pour laquelle Monsieur ESSOMBA a trouvé nécessaire de contribuer à la mise en forme de cette obligation en prenant appui sur les expériences de droit comparé pour suggérer des pistes de bonification de notre dispositif juridique de formation professionnelle du sportif salarié.

S'attaquant plutôt à la question du droit à « ***la liberté syndicale dans le sport*** », Monsieur le représentant de Me Daniel Blaise NGOS, est parti d'un décor de l'importance de la relation entre liberté syndicale et sport, de la définition des syndicats de footballeurs et leurs rôles pour présenter tour à tour, les syndicats de footballeurs dans le monde, les sources du droit syndical au Cameroun, les obstacles à la liberté syndicale dans le football, les succès et les défis rencontrés par les syndicats de footballeurs.

En réalité, tous ces droits du sportif salarié évoqués par ces précédents communicants soulèvent en trame de fond la question de la protection dudit sportif. Et c'est sans doute pour évaluer cette protection que le **Dr. VONDOU Pascal**, *Ph. D.* en droit privé de l'Université de Maroua s'est intéressé à « ***la protection sociale du sportif de haut niveau au Cameroun*** ». En relevant que la protection du sportif de haut niveau est lacunaire au Cameroun, l'intervenant rappelle que malgré que la loi consacre la protection et le suivi médico-sportif au sportif de haut niveau, celui-ci au Cameroun est très souvent dans une situation financière précaire et n'a pas de revenus suffisants pour cotiser à l'assurance et par conséquent accéder convenablement aux prestations de protection sociale. Il faudrait selon lui que les sportifs de haut niveau soient davantage soutenus tant financièrement qu'en matière de couverture sociale. Sans doute une carence de cette protection pourrait être la cause fréquente des ruptures brusques de contrat de travail du sportif.

Cette question a particulièrement retenu l'attention du Professeur **KOM KAMSU Maurice**, Maître de Conférences à l'Université de Maroua qui a dès lors mené une réflexion sur la ***« rupture abusive du contrat de travail du sportif »***. En rappelant que la relation de travail dans le domaine du sport professionnel est consacrée par l'article 40 de la loi du 11 juillet 2018 portant organisation et promotion des activités physiques et sportive au Cameroun qui dispose que : « *le club sportif professionnel emploie des sportifs contre rémunération* », le Professeur KOM KAMSU s'est interrogé sur la question de savoir si le régime juridique de la rupture abusive du contrat de travail du sportif professionnel est assimilable à celui connu en droit commun ?
En y répondant que l'analyse tend à démontrer qu'il pourrait exister des interactions entre la théorie générale du contrat de travail à durée déterminée (très usité dans les contrats des sportifs professionnels) et diverses règles spécifiques appliquées à la rupture de ces contrats, de manière générale, Il serait pour le communicant nécessaire pour les partenaires sociaux dans ce domaine, les arbitres et juges, d'élaborer des règles plus adaptées à « ce contrat atypique » pour assurer plus de

sécurité juridique en matière de rupture du contrat du sportif professionnel.

Cette communication sur la rupture et le rôle que pourraient y jouer les arbitres et juges permet de comprendre que l'amorce de satisfaction du droit social au renforcement de la professionnalisation des activités sportives et à l'amélioration du statut du salarié s'apprécie aussi à travers **la régulation des rapports contentieux impliquant un sportif salarié**

ENSUITE, sur la question de la régulation des rapports contentieux impliquant un sportif salarié, il faut remarquer que les intervenants qui ont axé leurs interventions sous cet angle se sont situés à un triple niveau.

Primo, **la régulation par les juridictions étatiques** des rapports contentieux impliquant un sportif salarié ;
Secundo, **la régulation par les juridictions non étatiques** des rapports contentieux impliquant un sportif salarié ;

Tertio, **la procédure civile applicable à ce contentieux** devant les juridictions compétentes.

Sur le premier point relatif à la régulation par les juridictions étatiques des rapports contentieux impliquant un sportif salarié**, le professeur TSASSE SAHA Gislain Gregory**, Maître de Conférences à l'Université de Yaoundé II a bien voulu s'intéresser au contentieux relatif au contrat sportif comportant un élément d'extranéité. En axant son propos précisément sur « ***le contentieux international du travail en matière de football*** », l'intervenant part de la concurrence qui existe entre les ordres juridiques étatique et sportif dans le traitement d'un contentieux international de travail dans le domaine du football pour poser la question de savoir : devant quel(s) ordre(s) juridique(s) devrait-on soumettre un litige international de travail lié au football **?**
A partir d'une analyse profonde de la réglementation sportive internationale en partant de la charte olympique, jusqu'à la réglementation du Tribunal Arbitral du Sport (TAS) et les normes FIFA, Monsieur TSASSE SAHA en déduit une application combinée et complémentaire des ordres juridiques étatique et sportif, cependant avec une prédominance de l'ordre sportif, ce qui constituerait pour lui une

source de déséquilibre. C'est pour rendre compte de ce postulat que l'intervenant articulera son propos aussi bien autour du droit applicable au litige international de travail en matière sportive qu'à la juridiction compétente en présence d'un tel litige.

Sur le deuxième point relatif à la régulation par les juridictions non étatiques des rapports contentieux impliquant un sportif salarié ; le **Professeur TAMKAM Armel**, Agrégé des Facultés de Droit, Maître de Conférences à l'Université de Douala a présenté ses réflexions sur *« **la Conciliation comme mode de règlement des différends de travail dans le domaine sportif** »*.

En rappelant que la conciliation est un préalable obligatoire dans le processus de règlement des litiges sportifs en général, le Professeur TAKAM relève que la conciliation étant ici un mode de règlement imposé et non négocié, ce n'est qu'en cas d'épuisement de voies de recours internes à la structure sportive concernée que le litige peut être porté en dernier ressort au plan national : soit devant la chambre de conciliation et d'arbitrage du CNOSC, soit devant les juridictions administratives ou de droit commun, eu égard à la nature du litige et conformément à la législation en vigueur. Toutefois, l'intervenant soulève des ambiguïtés au niveau des suites de cette conciliation dans règlement du litige de travail dans le domaine sportif. Ces suites peuvent être heureuse avec la conclusion de l'accord de conciliation ou malheureuse à travers le défaut de l'accord. Cette dernière hypothèse génère de sérieux problèmes procéduraux donnant un prétexte merveilleux au communicant pour suggérer des pistes de solutions.

C'est très certainement pour vaincre ces difficultés procédurales consécutives aux suites de la conciliation en cas de défaut d'accord que M. BOUCHE TCHOUENTEU Clovis, Doctorant en Droit du sport à l'Université de Yaoundé II a présenté « ***l'Arbitrage des différends de travail en milieu sportif*** » comme mode privilégié de résolution des conflits individuels et collectifs. Pour Monsieur BOUCHE TCHOUENTEU, les règles qui organisent cet arbitrage, et qui se distinguent pour l'essentiel des règles classiques de l'arbitrage, prennent en compte la brièveté des saisons sportives et des carrières des travailleurs du milieu sportif. Elles tirent leur fondement juridique à la fois de la norme étatique, du statut et règlement de procédure devant la Chambre de conciliation et d'arbitrage et ainsi que de la jurisprudence de cette chambre, et enfin des normes sécrétées par les fédérations sportives nationales ou internationales. Cet arbitrage se termine généralement par une sentence arbitrale qui peut être exécutée volontairement ou de manière forcée après exéquatur. En rappelant qu'une telle sentence ne peut faire l'objet d'un recours que devant le TAS, le communicant a tenu à souligner que l'arbitrage des différends de travail en milieu sportif fait fit du principe de gratuité de la justice.

C'est d'ailleurs l'objet de la réflexion faite par le Docteur WANDJI KAMGA Douglas, Chargé de Cours à l'Université de Yaoundé qui s'est engagé à scruter « le principe de la gratuité devant les juridictions sportives ».

Pour l'exposant, la compétence exclusive donnée à la Chambre de Conciliation et d'Arbitrage, pour connaitre des litiges d'ordre sportif, après épuisement des recours disponibles devant les organes internes des fédérations sportives, rendait déjà urgente une réflexion sur l'application du principe de la gratuité de la justice devant les juridictions sportives. Malgré la réforme intervenue avec la loi n° 2018/014 du 11 juillet 2018 relative à l'organisation et la promotion des activités physiques et sportives au Cameroun, le problème demeure. Dès lors, Monsieur WANDJI KAMGA se demande si ce principe est-il effectif devant les juridictions sportives établies par le législateur camerounais ? selon ses conclusions, si l'on s'en tient au contenu ou à la signification de ce principe de gratuité, on pourrait affirmer qu'il est partiellement appliqué, pourtant lorsqu'on considère son étendue et les charges finalement imposées aux justiciables ou à certains d'entre eux, il s'apparente beaucoup plus à un mythe. C'est sans doute la raison pour laquelle le **Professeur SEUNA Christophe**, Maitres de conférences à l'Université de Yaoundé 2 et président de la deuxième session de ce colloque, à résumé cette communication en ces termes : « en matière de sport, le principe c'est de payer et l'exception c'est la gratuité ».

Sur le second point relatif à **la nécessité de densifier la contribution satisfaisante du droit social au renforcement de la professionnalisation des activités sportives et à l'amélioration du statut du salarié sportif au Cameroun,** il faut noter d'emblée que tous les exposants ont proposé des pistes d'enrichissement du droit social au service d'une meilleure prise en charge du sportif salarié et de sa protection optimale. Il ne s'agit donc pas dans le cadre de cette partie de procéder à une cartographie de ces suggestions prospectives, mais peut être plus tôt de saisir quel serait le sens général de l'amélioration du statut du salarié sportif que suggèrent les différents exposants de ce jour.

La phase des échanges entre les exposants et l'auditoire qui a été très riche en questions et réponses pertinentes a permis de saisir peu ou prou le sens de l'évolution à retenir. A titre d'exemple, il s'est d'abord agi pour le président de la première session, le **Professeur TJOUEN Alex François** de relancer tous les exposants par des questions à la fois comiques et cognitives, notamment le syndicat des footballeurs peut-il organiser une grève de ces derniers ? un sportif peut -il refuser d'exécuter son contrat de travail ? c'est quoi un abus de rupture de contrat ? quelle est la cause de l'inaptitude du sportif salarié ? Quelle sera la conséquence d'une inaptitude professionnelle du sportif qui serait la conséquence d'une maladie mystique ou d'un ensorcellement très fréquent dans le domaine du sport en Afrique ?

A la suite du professeur TJOUEN, plusieurs participants ont posé des questions tout aussi pertinentes notamment, quelle est la nature du contrat du sportif amateur ou encore de la relation entre un étudiant sportif et l'université dans le cadre des jeux universitaires ? que font les syndicats pour prendre en compte la spécificité de la femme enceinte ou non d'une part et d'autre part la garantie réservée par ces syndicats à l'objectif de non-discrimination de la femme ? comment comprendre la notion de suspension du contrat de travail d'un sportif dans un contexte de prêt de joueurs ?

Devant la multitude des questions posées tout au long de la journée, une particulièrement a permis de flairer le sens attendu de l'évolution collectivement suggérée par les exposants : celle de savoir si finalement il faudrait forcer l'application du droit social au sport qui présente pourtant des spécificités multiples, ou faudrait-il construire une régime juridique propre et adapté au sportif salarié ?

Cette question a permis de remarquer en somme que les exposants ont suggéré une meilleure application du droit social au sportif salarié, et dans les cas d'incapacité de ce droit social à s'appliquer convenablement à ce sportif, il faudrait aller chercher l'enrichissement de ce droit commun dans les régimes spéciaux. De tels régimes selon le professeur MOUTHIEU ne viennent pas évincer le droit social, droit commun en la matière, mais viennent plutôt s'y juxtaposer pour offrir un ensemble de règles destinée à mieux densifier le renforcement de la professionnalisation des activités sportives et l'amélioration du statut du sportif salarié.

Hoping that the professor TSASSE will finally answer my first question, I would like to thank you for your good and kind attention.

Structures éditoriales du groupe L'Harmattan

L'Harmattan Italie
Via degli Artisti, 15
10124 Torino
harmattan.italia@gmail.com

L'Harmattan Hongrie
Kossuth l. u. 14-16.
1053 Budapest
harmattan@harmattan.hu

L'Harmattan Sénégal
10 VDN SICAP AMITIE 3
BP 45034 Dakar-Fann
direction@senharmattan.com

L'Harmattan Cameroun
Tsinga/Derrière polyclinique FECAFOOT
BP 11486 Yaoundé
Jacques.koukam@harmattan.fr

L'Harmattan Burkina Faso
Villa 281, secteur 23 623, rue 14.32
Ouagadougou
zagbie@outlook.fr

L'Harmattan Guinée
Almamya, rue KA 028 OKB Agency
BP 3470 Conakry
harmattanguinee@yahoo.fr

L'Harmattan RDC
185, avenue Nyangwe
Commune de Lingwala - Kinshasa
matangilamusadila@yahoo.fr

L'Harmattan Congo
219, avenue Nelson Mandela
BP 2874 Brazzaville
deunovmikhael@gmail.com

L'Harmattan Mali
Immeuble Mgr Jean Marie Cissé
Aci Hamadallaye
BP 145 Bamako
syllaka@yahoo.fr

L'Harmattan Togo
Djidjole - Maison Amela
face EPP BATOME
02 BP 20680 Lomé
didieramela11@gmail.com

L'Harmattan Côte d'Ivoire
Résidence Karl - Cité des Arts
Abidjan-Cocody
03 BP 1588 Abidjan
harmattan.ivoire@gmail.com

L'Harmattan Bénin
Rue 604, (Immeuble à l'entrée
de la rue UCAO- Cite de Saint-Jean)
Cotonou
stepcorpus@gmail.com

Nos librairies en France

Librairie internationale
16, rue des Écoles
75005 Paris
librairie.internationale@harmattan.fr
01 40 46 79 11
www.librairieharmattan.com

Librairie des savoirs
21, rue des Écoles
75005 Paris
librairie.sh@harmattan.fr
01 46 34 13 71
www.librairieharmattansh.com

www.ingramcontent.com/pod-product-compliance
Lightning Source LLC
LaVergne TN
LVHW021210061026
849535LV00008B/2655